Guy De Maupassant

L'oeuvre théâtrale

© 2024, Guy de Maupassant (domaine public)
Édition : BoD · Books on Demand GmbH, In de Tarpen 42,
22848 Norderstedt (Allemagne)
Impression : Libri Plureos GmbH, Friedensallee 273,
22763 Hamburg (Allemagne)
ISBN : 978-2-3225-5064-7
Dépôt légal : Octobre 2024

HISTOIRE DU VIEUX TEMPS

(1879)

Guy de Maupassant

A Madame Commanville

Madame, je vous ai offert, alors que vous seule la connaissiez, cette toute petite pièce qu'on devrait appeler plus simplement «dialogue». Maintenant qu'elle a été jouée devant le public et applaudie par quelques amis, permettez-moi de vous la dédier.

C'est ma première oeuvre dramatique. Elle vous appartient de toute façon, car après avoir été la compagne de mon enfance, vous êtes devenue une amie charmante et sérieuse; et, comme pour nous rapprocher encore, une affection commune, celle de votre oncle que j'aime tant, nous a, pour ainsi dire, faits de la même famille. Veuillez donc agréer, Madame, l'hommage de ces quelques vers comme témoignage des sentiments très dévoués, respectueux et fraternels de votre ami bien sincère et ancien camarade.

Je ne publierai point cette frêle comédie sans adresser mes bien vifs remerciements à l'homme éclairé et bienveillant qui l'a accueillie et aux artistes de talent qui l'ont fait applaudir.

Sans M. Ballande, qui ouvre si généreusement son théâtre aux inconnus repoussés ailleurs, elle n'aurait peut-être jamais été jouée. Sans Mme Daudoird, si fine comédienne, si attendrie et si charmante dans le rôle de la vieille marquise, et sans M. Leloir, qui porte avec tant de dignité les cheveux blancs du comte, personne ne l'eût, sans doute, remarquée.

Le succès, grâce à eux, a dépassé mes espérances: aussi je veux écrire leurs noms à la première page pour les assurer de ma profonde reconnaissance.

Guy de Maupassant
Paris, le 23 février 1879.

    Chambre Louis XV. Grand feu dans la cheminée. On est en hiver. La vieille marquise est dans son fauteuil, un livre sur les genoux; elle paraît s'ennuyer.

UN VALET, annonçant.
Monsieur le comte.

LA MARQUISE
Enfin, cher comte, vous voici;
Vous pensez donc toujours aux vieux amis, merci Je vous attendais presque avec inquiétude;
De vous voir chaque jour on a pris l'habitude;
Puis, je ne sais pourquoi, je suis triste ce soir.
Venez, auprès du feu allons nous asseoir Et causer.
LE COMTE, s'asseyant après lui avoir baisé la main.
Moi, je suis tout triste aussi, marquise,
Et lorsqu'on se fait vieux, cela démoralise.
Les jeunes ont au coeur cargaison de gaieté;
Un nuage en leur ciel est bien vite emporté,
Et toujours tant de buts, tant d'amours à poursuivre!
Nous autres, il nous faut de la gaieté pour vivre;
La tristesse nous tue, elle s'attache à nous
Comme la mousse à l'arbre épuisé. Voyez-vous,
Contre ce mal terrible il faut bien se défendre.

Et puis, tantôt, d'Armont est venu me surprendre
Nous avons remué la cendre des vieux jours,
Parlé des vieux amis et des vieilles amours;
Et, depuis ce moment, comme une ombre incertaine,
Je revois s'agiter ma jeunesse lointaine.
Aussi je suis venu, tout triste et tout blessé,
M'asseoir auprès de vous, et parler du passé.

LA MARQUISE
Moi, depuis le matin, l'horrible froid m'assiége;
J'entends souffler le vent, je vois tomber la neige.
A notre âge, l'hiver afflige et fait souffrir;
Quand il gèle bien fort on croit qu'on va mourir.
Oui, causons, car un bon souvenir de jeunesse
Ravive par instants notre froide vieillesse.
C'est un peu de soleil…

LE COMTE
Mais dans un jour d'hiver;
Mon soleil est bien pâle et mon ciel bien couvert.

LA MARQUISE
Allons racontez-moi quelque folle équipée.
Vous étiez, dit l'histoire, un grand traîneur d'épée,
Jadis, monsieur le comte, insolent, beau garçon,
Riche, bon gentilhomme et de fière façon;
Vous avez fait scandale, et croisé votre lame
Avec plus d'un mari; car une belle dame,
Un soir que nous causions, m'a raconté, tout bas,

Que tous les coeurs sauraient au seul bruit de vos pas.
Si l'on ne m'a menti, vous avez été page,
Grand coureur de ruelle et faiseur de tapage;
Et vous avez dormi quatre mois en prison
Pour un certain manant pendu dans sa maison,
Lequel avait, dit-on, femme jeune et jolie.
La femme d'un manant, comte, quelle folie!
Quatre mois en prison pour cela! C'eût été
Dame de haute race et de grande beauté,
Soit… Voyons, prouvez-moi quelque galante histoire
De grande dame; amour romanesque, et l'armoire
Classique où le mari, dans ses retours subits,
Surprend l'amant transi parmi les vieux habits.

LE COMTE
Et pourquoi donc toujours, toujours la grande dame?
Les autres, cependant, plaisent aussi: la femme
Est faite pour charmer, qu'elle soit noble ou non.
La grâce est sans aïeux et la beauté sans nom.

LA MARQUISE
Merci! Je ne veux point de vos amours banales.
Vous avez autre chose au fond de vos annales,
Cher comte, et maintenant, je vous écoute. Allez!

LE COMTE
Il faut vous obéir, puisque vous le voulez.
Ah! Certes, le proverbe est bien vrai, sur mon âme,
Qui prétend que Dieu veut ce que veut une femme.

Quand je vins â la Cour j'étais sentimental;
J'ouvris bientôt les yeux; le réveil fut brutal Par exemple. J'aimai, j'aimai la toute belle
Comtesse de Paulé. Je la croyais fidèle.
Je la surpris, un soir, aux bras d'un autre amant;
J'en eus le coeur brisé, marquise, et sottement
Je la pleurai deux mois! Mais la Cour et la Ville
Ont bien ri. Cette engeance est envieuse et vile,
Siffle les malheureux, applaudit au succès;
J'étais trompé, j'avais donc perdu mon procès.
Pourtant, bientôt après, j'eus une autre maîtresse;
Mais nous logions encore â deux dans sa tendresse.
L'autre était un poète. Il lui tournait des vers,
L'appelait fleur, étoile, astre de l'univers,
Et je ne sais quels noms. Je provoquai le drôle;
C'était un bel esprit, il resta dans son rôle;
Trop lâche pour se battre, il fit un plat sonnet…
Et l'on en rit encor, me traitant de benêt.
La leçon, cette fois, mit un terme à mes doutes,
Je cessai d'en voir une, et je les aimai toutes.
Or je pris pour devise un dicton très ancien:
«Bien fol est qui s'y fie» et je m'en trouvai bien.

LA MARQUISE
Mais, autrefois, quand vous déclariez votre flamme,
Et soupiriez aux pieds de quelque belle dame,
L'enveloppant d'amour, de respects et de soins,
Parliez-vous ainsi?

LE COMTE
Non; mais avouez du moins,
Entre nous, que la femme est une enfant gâtée.
On l'a trop adulée, et surtout trop chantée.
Ses flatteurs attitrés, les faiseurs de sonnets,
Lui versant tout le jour, comme des robinets,
Compliments distillés au suc de poésie,
En ont fait un enfant gonflé de fantaisie.
Aime-t-elle du moins? Point du tout; il lui faut,
Non l'amour de vingt ans, et dont le seul défaut
Est d'aimer saintement, comme on aime à cet âge,
Mais un roué; celui qu'on regarde au passage
Avec étonnement et presque avec respect,
Toute femme s'émeut et tremble â son aspect,
Parce qu'il est, mérite assurément fort rare,
Le premier séducteur de France et de Navarre!
Non qu'il soit jeune, non qu'il soit beau, non qu'il ait
De grandes qualités… Rien; mais cet homme plait
Parce qu'il a vécu. Voilà la chose étrange;
Et c'est ainsi pourtant que l'on séduit cet ange!
Mais quand un autre vient demander, par hasard,
De quel tribut payer l'aumône d'un regard,
Elle lui rit au nez et demande la lune!
Et, vous le savez bien, je ne parle pas d'une,
Mais de beaucoup.

LA MARQUISE
C'est très galant; encor merci!
A mon tour, à présent, écoutez bien ceci:

Un vieux renard perclus, mais de chair fraîche avide,
Rôdait, certaine nuit, triste et le ventre vide;
Il allait, ruminant ses festins d'autrefois,
La poulette surprise un soir au coin d'un bois,
Et le souple lapin qu'on prenait à la course.
L'âge, de ces douceurs, avait tari la source;
On était moins ingambe et l'on jeûnait souvent.
Quand un parfum de chassé apporté par le vent
Le frappe, un éclair brille en sa vieille prunelle.
Il aperçoit, dormant et la tête sous l'aile,
Quelques jeunes poulets perchés sur un vieux mur.
Mais renard est bien lourd et le chemin peu sûr,
Et malgré son envie, et sa faim, et son jeûne:
«Ils sont trop verts, dit-il, et bons… Pour un plus jeune.»

LE COMTE
Marquise, c'est méchant, ce que vous dites là;
Mais je vous répondrai: Samson et Dalila,
Antoine et Cléopâtre, Hercule aux pieds d'Omphale.

LA MARQUISE
Vous avez en amour une triste morale!

LE COMTE
Non; l'homme est comme un fruit que Dieu sépare en deux.
Il marche par le monde; et, pour qu'il soit heureux,
Il faut qu'il ait trouvé, dans sa course incertaine,
L'autre moitié de lui; mais le hasard le mène;
Le hasard est aveugle et seul conduit ses pas;

Aussi presque toujours, il ne la trouve pas.
Pourtant, quand d'aventure il la rencontre…, il aime;
Et vous étiez, je crois, la moitié de moi-même
Que Dieu me destinait et que je cherchais, mais
Je ne vous trouvai pas, et je n'aimai jamais.
Puis voilé qu'aujourd'hui, nos routes terminées,
Le sort unit, trop tard, nos vieilles destinées.

LA MARQUISE
Enfin, cela vaut mieux, mais vous avez péché,
Et je ne vous tiens pas quitte à si bon marché.
Savez-vous, mon cher comte, à quoi je vous compare?
Votre coeur est fermé comme un logis d'avare:
Vous êtes l'hôte; quand on vient pour visiter Vous vous imaginez qu'on va tout emporter,
Et ne montrez aux gens qu'un tas de vieilleries.
Voyons, plus de détours et trêve aux railleries!
Tout avare, en un coin, cache un coffret plein d'or,
Et le coeur le plus pauvre a son petit trésor.
Qu'avez-vous tort au fond? Portrait de jeune fille
De seize ans, qu'on aima jadis; légère idylle
Dont on rougit peut-être et qu'on cache avec soin,
N'est-ce pas? Mais, parfois, plus tard, on a besoin
De venir contempler ces images, laissées
Là-bas, derrière soi; ces histoires passées
Dont on souffre et pourtant dont on aime souffrir.
On s'enferme tout seul, une nuit, pour ouvrir Certain vieux livre et son vieux coeur; comme on regarde
La pauvre fleur donnée un beau soir, et qui garde

La lointaine senteur des printemps d'autrefois!
On écoute, on écoute, et l'on entend sa voix Par les vieux souvenirs faiblement apportée.
Et l'on baise la fleur, dont l'empreinte est restée
Comme au feuillet du livre à la page du coeur.
Hélas! Quand la vieillesse apporte la douleur,
Vous embaumez encor nos dernières journées,
Parfums des vieilles fleurs et des jeunes années!

LE COMTE
C'est vrai! Même à l'instant j'ai senti revenir,
Tout au fond de mon coeur, un très vieux souvenir;
Et je suis prêt à vous le raconter, marquise.
Mais j'exige de vous une égale franchise,
Caprice pour caprice, et récit pour récit;
Et vous commencerez.

LA MARQUISE
Je le veux bien ainsi.
Pourtant mon histoire est un simple enfantillage.
Mais, je ne sais pourquoi, les choses du jeune âge
Prennent, comme le vin, leur force en vieillissant,
Et d'année en année elles vont grandissant.
Vous connaissez beaucoup de ces historiettes:
C'est le premier roman de mutes les fillettes,
Et chaque femme, au moins, en compte deux ou trois;
Je n'en eus qu'une seule; et c'est pourquoi, je crois,
Je l'ai gardée au coeur plus vive et plus tenace;
Et dans ma vie elle a rempli beaucoup de place.

J'étais bien jeune alors, car j'avais dix-huit ans;
J'avais appris â lire avec les vieux romans;
J'avais souvent rêvé dans les vieilles allées
Du vieux parc, regardant, le soir, sous les sautées,
Les reflets de la lune, écoutant si le vent
Ne parlait pas d'amour à la branche, et rêvant
A celui que tout bas la jeune fille appelle,
Qu'elle attend, qu'elle croit que Dieu créa pour elle!
Puis voilé que celui que j'avais tant rêvé,
Jeune, fier et charmant, un jour, est arrivé;
Et je sentis bondir mon coeur de jeune fille.
Je me pris à l'aimer; il me trouva gentille…
Mon beau jeune homme, hélas! Partit le lendemain;
Rien de plus: un baiser, un serrement de main,
Un regard échangé qu'il oublia bien vite.
Il s'était dit: «Elle est mignonne, la petite.»
Et cela lui sortit du coeur; mais Dieu défend De se jouer ainsi de l'amour d'une enfant!
Ah! Vous trouvez la femme insensible; elle saute
De caprice en caprice; allez, c'est votre faute.
Elle pourrait aimer, mais vous l'en empêchez;
Le premier amour qui lui vient, vous l'arrachez!
Pauvre fille! J'étais bien folle et bien crédule;
Mais vous allez trouver cela fort ridicule,
Vous qui raillez l'amour… Longtemps je l'attendis!
Comme il ne revint pas, j'épousai le marquis.
Mais je confesse que j'aurais préféré l'autre!
J'ai mis mon coeur à nu, découvrez-moi le vôtre
Maintenant.

LE COMTE, souriant
Ainsi, c'est une confession?

LA MARQUISE
Et vous n'obtiendrez pas mon absolution
Si vous raillez encor, méchant homme insensible.

LE COMTE
C'était dans la Bretagne, à l'époque terrible
Qu'on nomme la Terreur. Partout on se battait,
Moi, j'étais Vendéen; je servais sous Stofflet.
Or, cela, dit, ici commence mon histoire.
On venait, ce jour-là, de repasser la Loire.
Nous étions demeurés, pétés en partisans,
Quelques braves amis, quelques vieux paysans,
Et moi leur chef, en tout peut-être une centaine,
Cachés dans les buissons qui contournaient la plaine,
Protégeant la retraite et cédant peu à peu.
Nos hommes, à la fin, avaient cessé le feu;
Et l'on se dispersait, selon notre coutume,
Quand un soldat soudain, un Bleu, qui, je le présume,
S'était, grâce aux buissons, avancé jusqu'à nous,
Sauta dans le chemin et me tira deux coups
De pistolet. J'ouvris la tête de ce drôle;
Mais j'avais, pour ma part, deux balles dans l'épaule.
Tout mon monde était loin. En prudent général,
J'enfonçai l'éperon aux flancs de mon cheval.
Alors, à travers champs, et la tête éperdue,

Comme un fou qui s'enfuit, j'allai, bride abattue;
Tant qu'enfin, harassé, brisé, n'en pouvant plus,
Je tombai, tout en sang, au revers d'un talus.
Mais bientôt, prés de moi, je vis une lumière
Et j'entendis des voix. C'était une chaumière
Où je heurtai, criant: «Ouvrez, au nom du roi!»
Et puis, à bout de force et tout midi de froid,
Je m'affaissai, soudain, en travers de la porte.
Suis-je resté longtemps étendu de la sorte?
Je ne sais; mais, alors que je repris mes sens,
J'étais dans un bon lit bien chaud; de braves gens,
Attendant mon réveil avec inquiétude,
S'empressaient, m'entouraient, pleins de sollicitude;
Et je vis, au milieu de ces lourdauds Bretons,
Comme un oiseau des bois couvé par des dindons,
Une enfant de seize ans! Ah! Marquise, marquise,
Quelle tête ingénue et quelle grâce exquise!
Comme elle était jolie avec ses cheveux blonds
Sous son petit bonnet, si soyeux et si longs,
Qu'une reine pour eux eût donné sa richesse!
Puis elle avait des pieds et des mains de duchesse;
Si bien que je doutai très fort de la vertu De sa grosse maman; j'aurais pour un fétu Vendu mes droits d'auteur, à la place du père.
Dieu! Qu'elle était jolie avec sa mine austère
Et pudique! Et durant quatre nuits et trois jours
Elle ne quitta pas mon chevet; et toujours
Je la voyais auprès de moi, tantôt assise,
Tantôt debout, lisant dans son livre d'église
Et priant, mais pour qui? Pour moi, pauvre blessé?

Ou pour un autre? Puis, son petit pied pressé
Allait, venait, trottait lestement par la chambre;
Et puis, de ses yeux clairs et dorés comme l'ambre,
Elle me regardait; car elle avait un oeil Jaune comme celui de l'aigle, et plein d'orgueil;
Et même j'éprouvai, quand je vous vis, marquise,
Pour la première fois, une grande surprise,
En retrouvant cet oeil et ce regard pareil Qu'on eût dit éclairé d'un rayon de soleil.
Elle était, sur ma foi, si fraîche et si jolie
Que, presque à mon insu, j'avais fait la folie
De me mettre à l'aimer. Mais voilà qu'un matin
J'entendis le canon gronder dans le lointain.
Mon hôte entra soudain; tout pâle et hors d'haleine:
«Les Bleus! Les Bleus! dit-il, ils vont cerner la plaine,
Sauvez-vous!» Cependant j'étais bien faible encor,
Mais je me dépêchai, car le temps pressait fort.
Comme un cheval frissonne au bruit de la trompette,
La fièvre du combat me montait à la tête.
Mais elle, tout de noir vêtue, et comme en deuil,
Quelques larmes aux yeux, m'attendait sur le seuil.
Elle tint l'étrier quand je me mis en selle;
En galant chevalier je me penchai vers elle,
Et déposai gaiement un baiser sur son front.
Elle se redressa comme sous un affront;
Un fauve éclair jaillit de sa fière prunelle,
Et rougissant de honte: «Ah!: Monsieur», me dit-elle.
Certes, elle n'était point ce que j'avais pensé;
Elle avait trop grand air, et j'avais offensé

Gauchement, lourdement, la noble jeune fille
L'enfant de quelque ancienne et fidèle famille
Que de vieux serviteurs cachaient au milieu d'eux,
Quand le père, avec nous, luttait contre les Bleus.
Ah! Je fis tout d'abord contenance assez sotte;
Mais j'étais, en ce temps, quelque peu Don Quichotte,
Et tous les vieux romans tournaient le cerveau.
Aussi, de mon cheval, descendant aussitôt
Je fléchis humblement un genou devant elle,
Et je lui dis: «Pardon, pardon, mademoiselle;
Ce baiser, croyez-moi, car je ne mens jamais,
N'est point d'un libertin ou d'un étourdi, mais,
Si vous le voulez bien, sera de fiançailles.
Je reviendrai, si le permettent les batailles,
Chercher gage d'amour que je vous ai laissé.»
Soit! dit-elle en-riant. Adieu! Mon fiancé.
Elle me releva; puis de sa main mignonne
M'envoyant un baiser: «Allez, on vous pardonne,
Dit-elle, et revenez bientôt, bel inconnu!»
Et je partis…

LA MARQUISE, tristement.
Et vous, n'êtes pas revenu?

LE COMTE
Mon Dieu! Non. Mais pourquoi? Je ne sais trop moi-même
Je me suis dit: Est-il possible qu'elle m'aime
Cette enfant que je vis un instant? Pour ma part
L'aimais-je? J'hésitais. J'arriverais trop tard,

Peut-être pour trouver ma belle jeune fille
Aimant quelque autre, aimée et mère de famille?
Et puis ce vain propos d'un fou, dit en passant,
Sans doute avait glissé sur elle, lui laissant
Un mignon souvenir, une douce pensée.
Et puis, la trouverais-je où je l'avais laissée?
M'étais-je pas trompé? Ne valait-il pas mieux Garder ce souvenir lointain, frais et joyeux,
La voir toujours telle que je me l'étais peinte,
Et ne point revenir et la revoir, de crainte
De ne trouver, hélas! Que désillusion?
Mais il m'en est resté comme une obsession,
Une vague tristesse au coeur, et comme un doute
D'un bonheur coudoyé, mais laissé sur ma route.

LA MARQUISE, avec des sanglots dans la voix.
Elle l'aurait peut-être aimé, cet inconnu?
Dieu seul le sait! Mais vous n'êtes point revenu.

LE COMTE
Marquise, aurais-je donc commis un si grand crime?

LA MARQUISE
Ne me disiez-vous point, tout à l'heure: «J'estime
Que l'homme est comme un fruit que Dieu sépare en deux.
Il marche par le monde; et, pour qu'il soit heureux,
Il faut qu'il ait trouvé, dans sa course incertaine,
L'autre moitié de lui; mais le hasard le mène;
Le hasard est aveugle et seul conduit ses pas;

Aussi, presque toujours, il ne la trouve pas.
Pourtant, quand d'aventure il la rencontre, il aime.
Et vous étiez, je crois, la moitié de moi-même
Que Dieu me destinait et que je cherchais, mais
Je ne vous trouvai pas, et je n'aimai jamais.
Puis voilà qu'aujourd'hui, nos routes terminées,
Le sort unit, trop tard, nos vieilles destinées.
Trop tard, hélas, car vous n'êtes pas revenu!

LE COMTE
Marquise, vous pleurez!

LA MARQUISE
Ce n'est rien, j'ai connu
La pauvre fille dont vous parliez tout à l'heure;
Ce récit m'attrista; voilà pourquoi je pleure.
Ce n'est rien.

LE COMTE
L'enfant qui jadis reçut ma foi,
Marquise, c'était vous!

LA MARQUISE
Eh bien! Oui, c'était moi…
Le comte se met à genoux et lui baise la main. Il est très ému.

LA MARQUISE
Allons, n'y pensons plus; il est un temps aux roses.
Notre vieux front pâli n'est plus fait pour ces choses.

Rirait bien qui pourrait nous voir en ce moment!
Relevez-vous; et pour finir ce vieux roman,
Souvenir du passé qui n'est plus de notre âge,
Tenez, comte, je vais vous rendre votre gage;
Je ne suis plus fillette et j'ai le droit d'oser.
Elle l'embrasse sur le front. Puis, avec un sourire triste.
Mais il a bien vieilli, votre pauvre baiser.

UNE REPETITION

(1880)

Guy de Maupassant

Personnages.

— M. DESTOURNELLES, 55 ans.
— Madame DESTOURNELLES, 25 ans.
— M. RENÉ LAPIERRE, 25 ans.
— Un domestique

Un salon. Portes au fond et à droite. Madame Destournelles, habillée en bergère Watteau, arrange sa coiffure devant la glace.

Scène Première

M. DESTOURNELLES, en redingote, prêt à sortir, entre par la porte de droite, et s'arrête stupéfait en apercevant sa femme.

M. DESTOURNELLES
Madame, qu'est-ce donc que cette mascarade?
Je comprends! Vous allez jouer quelque charade!

Mme DESTOURNELLES
Vous l'avez dit, monsieur.

M. DESTOURNELLES
Le costume est charmant.
Vous êtes adorable en cet accoutrement.

Mme DESTOURNELLES
Fi donc! Des compliments? Mais je suis votre femme,
À quoi bon?

M. DESTOURNELLES
La réplique est cruelle, madame.
Je dis la vérité simple, c'est mon devoir Et d'homme et de mari.

Mme DESTOURNELLES
Merci.

M. DESTOURNELLES
Peut-on savoir À quel sujet ma femme est devenue actrice,
Et poète peut-être, ou collaboratrice
De quelque auteur fameux? J'ignorais jusqu'ici Que l'art vous eût jamais causé quelque souci.
Pardon. Et la charade?

Mme DESTOURNELLES
C'est une comédie.

M. DESTOURNELLES
Bravo! Vous chaussez donc le socque de Thalie?
Alors, si ce n'est point être trop indiscret,
Pourrais-je, en vous priant, connaître le sujet?

Mme DESTOURNELLES
Une églogue.

M. DESTOURNELLES
Parfait! C'est une bucolique!
Et, l'avez-vous choisie avec ou sans musique?

Mme DESTOURNELLES
Sans musique.

M. DESTOURNELLES
Tant pis!

Mme DESTOURNELLES

Et pourquoi, s'il vous plaît?

M. DESTOURNELLES
À mon avis du moins, c'eût été plus complet
Je suis très pastoral. Je trouve que sur l'herbe
Un petit air de flûte est d'un effet superbe.
Et puis tout vrai berger, étendu sous l'ormeau,
Ne doit chanter l'amour qu'avec un chalumeau.
C'est l'accompagnement forcé de toute idylle:
L'usage en est resté depuis le doux Virgile.

Mme DESTOURNELLES (ironique)
Je ne vous savais point si pétillant d'esprit.
J'avais, jusqu'à ce jour, méconnu mon mari.
À présent je voudrais vous faire prendre un rôle;
En marquis Pompadour vous seriez vraiment... Drôle.

M. DESTOURNELLES (un peu blessé)
Madame, c'est très vrai. Qui pourrait faire bien
Une chose à laquelle on n'entend juste rien?

Mme DESTOURNELLES
Vous en voulez beaucoup à cette comédie?

M. DESTOURNELLES
Certes; je n'aime pas les bergers d'Arcadie!
Et puis je veux laisser à chacun son métier.
Tout le monde, il est vrai, pourrait être portier;
Mais acteur... Oh non pas! Cela c'est autre chose.

Vous ignorez comment on rit, on marche, on cause
Quand on a, par hasard, un public devant soi.
Votre grand naturel est de mauvais aloi.

Mme DESTOURNELLES (nerveuse)
Je sais depuis longtemps cette vieille rengaine.

M. DESTOURNELLES (pédantesquement)
Le vrai dans un salon est du faux sur la scène,
Et le vrai sur la scène est faux dans un salon!
L'actrice, dans le monde, a souvent mauvais ton,
Je vous l'accorde, mais, quand vous prenez sa place,
Votre plus doux sourire a l'air d'une grimace.

Mme DESTOURNELLES (sèchement)
Et vos charmants conseils ont l'air impertinent.
Est-ce fini?

M. DESTOURNELLES
Non. Pas encore. - Maintenant,
Vos pièces de salon, fausses et précieuses,
Me prennent sur les nerfs, et me sont odieuses.
Voilà mon sentiment. Quant au petit monsieur Frisé, la bouche en coeur, et roide comme un pieu,
Débitant gauchement ses fades sucreries,
Autant fait par le ciel pour ces galanteries
Qu'un âne pour chanter une chanson d'amour;
Commerçant le matin, et le soir troubadour,
Qui, calculant le prix ou des draps ou des toiles,

Répète vaguement des couplets aux étoiles,
Et quitte son comptoir d'un petit air léger Pour prendre la houlette et devenir berger,
C'est un sot le matin, et le soir c'est un cuistre
Dont le rire est stupide et la grâce sinistre!
Encore, eussiez-vous pris quelque morceau plaisant
Qui, sans prétention, pourrait être amusant!
Mais choisir une églogue! Et quelle mise en scène?
C'est dans ces prés fleuris où serpente la Seine.
Ce salon représente un champ, frais et coquet.
Pour plus de vraisemblance on y pose un bouquet
À droite est une dame habillée en bergère;
Elle écoute, effeuillant un rameau de fougère,
Un monsieur costumé; c'est un petit marquis;
Il porte lourdement un habit rose exquis,
S'incline, et dans la main il tient une houlette
Qu'il présente à la dame avec un air fort bête.
— Trois tabourets épars simulent des brebis -
Tout est faux, le décor, les gens et les habits,
Est-ce vrai? Ce dindon, enfin, qui fait la roue,
Doit vous baiser la main, quand ce n'est point la joue,
Et par cette faveur son orgueil attisé
À d'autres libertés se croit autorisé.
Puis ces longs tête-à-tête où l'on feint la tendresse;
Où l'honnête femme a des rôles de maîtresse…
Il hésite et cherche ce qu'il doit dire.
Sont d'un mauvais exemple aux gens de la maison.

Mme DESTOURNELLES (très blessée)

Vraiment! Je n'aurais pas prévu cette raison!
Mais comme je veux être une femme soumise,
Que je ne veux pas voir ma vertu compromise
Aux yeux de Rosalie ou de votre cocher,
Je renonce à jouer.

M. DESTOURNELLES (haussant les épaules)
Bon! Pourquoi vous fâcher?

Mme DESTOURNELLES (la voix tremblante, exaspérée)
Rien que ce tête-à-tête à présent m'épouvante!
Personne encor sur moi n'a rien dit, je m'en vante!
Songez: si le concierge apprend par un valet
Qu'un jeune homme à pieds fut vu; qu'il me parlait
D'amour, et qu'il avait la perruque poudrée,
La nouvelle en ira par toute la contrée.
Le facteur, en donnant ses lettres chaque jour,
Distribuera ce bruit aux portes d'alentour:
Il ira grossissant de la loge aux mansardes.
Et tous, du balayeur de la rue aux poissardes
Qui roulent leur voiture avec les: "ce qu'on dit"
Me toiseront, des pieds au front, d'un air hardi!

M. DESTOURNELLES (embarrassé, humble)
Voyons, si j'ai tenu quelque propos maussade,
Ce n'était, après tout, qu'une simple boutade.

Mme DESTOURNELLES (suffoquant, les larmes aux yeux)
Je sais que nous devons tout supporter, soupçons,

Injures, mots blessants de toutes les façons!
Nous devons obéir à la moindre parole,
Etre humbles et toujours douces; c'est notre rôle,
Je le sais; mais enfin ma douceur est à bout.
Nos maîtres... Nos maris, qui se permettent... Tout,
Rôdent autour de nous ainsi que des gendarmes,
Nous accusent sans cesses, espionnent...

M. DESTOURNELLES (caressant)
Pas de larmes,
Je t'en prie; et faisons la paix. Pardon, C'est vrai,
Je fus brutal et sot... Je l'avoue, et suis prêt
A tout ce qu'il faudra pour que tu me pardonnes.
Tiens, je baise tes mains. Comme elles sont mignonnes!
J'y veux mettre ce soir deux gros bracelets d'or;
Mais tu joueras. - M'as-tu pardonné?

Mme DESTOURNELLES (très digne)
Pas encore.

M. DESTOURNELLES
Non? Mais bientôt.

Mme DESTOURNELLES (de même)
Qui sait?

Scène 2

Les mêmes, René LAPIERRE en marquis Louis XV.

UN DOMESTIQUE (annonçant)
Monsieur René Lapierre.

M. RENÉ (entrant)
En marquis Louis Quinze.

M. DESTOURNELLES
Ah! Votre partenaire;
Au revoir.
(saluant M. Lapierre)
Beau marquis.

M. RENÉ
Monsieur, pour vous servir.

M. DESTOURNELLES
Le costume est charmant et vous sied à ravir.
Il sort. René baise la main de Madame Destournelles.

Scène 3

MADAME DESTOURNELLES, M. RENÉ.

Mme DESTOURNELLES (nerveuse, la voix sèche)
Au moins, avez-vous bien retenu votre rôle?

M. RENÉ
Je n'en oublierai point une seule parole.

Mme DESTOURNELLES
Alors nous commençons puisque vous êtes prêt:
Je suis seule d'abord. Le marquis apparaît.
Sans me voir il arrive au milieu de la scène;
Pendant quelques instants il rêve et se promène;
Et puis il m'aperçoit. Nous y sommes?

M. RENÉ
J'y suis.
Elle s'assied sur une chaise basse. Il s'approche d'elle avec des grâces prétentieuses.

Mme DESTOURNELLES
Soyez plus libre et plus naturel.

M. RENÉ (s'arrêtant)
Je ne puis;

J'en suis fort empêché, car mon habit me gêne.
Son épée se prend entre ses jambes.

Mme DESTOURNELLES (sèchement)
Votre rapière va s'échapper de sa gaine.
Vous paraissez épais et lourd. Recommençons.
(Il fait le même manège que tout à l'heure, mais d'une façon encore plus maniérée.)
Vous n'avez pas besoin de toutes ces façons,
Monsieur.

M. RENÉ (vexé)
Je voudrais bien vous voir prendre ma place,
Madame. Comment donc voulez-vous que je fasse?

Mme DESTOURNELLES (impatiente)
Comme si vous étiez un marquis naturel;
Un vrai marquis. Quittez cet air trop solennel,
Et marchez simplement comme un monsieur qui passe.
Relevez quelque peu votre épée, avec grâce;
Une main sur la hanche; et puis promenez-vous,
Sans avoir tant de plomb fondu dans les genoux.
Vous êtes empesé comme un dessin de mode.

M. RENÉ
Si je ne portais point cet habit incommode…

Mme DESTOURNELLES
Vous me faites l'effet d'un marquis croque-mort,

Soyez donc gracieux.
Il recommence.

M. RENÉ
Est-ce bien?

Mme DESTOURNELLES
Pas encore.
Que l'homme est emprunté! Dire que toute femme,
J'entends femme du monde, est actrice dans l'âme.
La femme de théâtre est gauche, et ne sait pas
Sourire, se lever, s'asseoir, ou faire un pas
Sans paraître tragique. Un rien les embarrasse.
Cela ne s'apprend point, c'est affaire de race.
On peut acquérir l'art, mais non le naturel.
Par l'étude on devient ce que fut la Rachel Qui demeura toujours roide ou prétentieuse,
Souvent fort dramatique, et jamais gracieuse.
Moi, j'ai joué deux fois, et j'eus un succès fou.
J'avais une toilette exquise, un vrai bijou.
On m'applaudit, c'était comme une frénésie;
J'ai cru que je ferais mourir de jalousie
Madame de Lancy qui jouait avec moi.
Je disais quelques vers: je ne sais plus trop quoi;
Quelque chose de drôle et qui fit beaucoup rire.
Mais, la deuxième fois, je n'avais rien à dire;
Je faisais une bonne apportant un plateau
Où devait se trouver un verre rempli d'eau.
J'apportai le plateau; mais j'oubliai le verre.

L'acteur me regarda d'une façon sévère;
Le public se tordait; alors je m'aperçus
Que j'avais le plateau voulu, mais rien dessus.
Ma foi, je n'y tins pas, j'ai ri comme une folle.
Le monsieur n'a pas pu reprendre la parole
Tant on était joyeux. On a ri tout le temps!
(se tournant vers René qui la regarde fixement en l'écoutant)
Mais que faites-vous donc, Monsieur, je vous attends?

M. RENÉ
Madame, j'écoutais.

Mme DESTOURNELLES
C'est moi qui vous écoute.
Vous n'avez pas de temps à perdre. Allons, en route.
Eh bien?

M. RENÉ (après une longue hésitation)
Je ne sais plus du tout le premier vers.

Mme DESTOURNELLES (furieuse)
Monsieur, vous commencez à m'agacer les nerfs.

M. RENÉ
Quand j'aurai le premier, tous viendront à la suite.

Mme DESTOURNELLES
Certes, ils viendront. À moins qu'ils ne prennent la fuite.

M. RENÉ (se frappant le front)
Comme on oublie! Allons, soufflez-moi, rien qu'un peu.

Mme DESTOURNELLES
Ah! Puissé-je, en soufflant, rallumer votre feu.
Elle souffle.

M. RENÉ (il récite avec embarras)
Je te vis, charmante bergère,
Assise, un jour, sur la fougère;
Oui, là-bas, je te vis un jour;
Et tout mon coeur brûla d'amour;
Non point de flamme passagère
Qui s'éteint, trompeuse et légère.
C'est d'un indestructible amour Que je brûlai, douce bergère,
Quand je te vis sur la fougère…
C'est bien?

Mme DESTOURNELLES
«C'est bien» n'est pas au rôle, assurément.
Et puis ce serait bien… Si c'était autrement.

M. RENÉ
Pourquoi cela?

Mme DESTOURNELLES
Pourquoi? Vous êtes détestable
Comme un petit garçon qui récite une fable.
Votre voix, votre corps, vos gestes sont en bois.

Avez-vous aimé?

M. RENÉ (très étonné)
Moi?

Mme DESTOURNELLES
Vous.

M. RENÉ
Certes… Quelquefois.

Mme DESTOURNELLES
Eh bien, racontez-moi cela.

M. RENÉ
Quoi?

Mme DESTOURNELLES
Vos conquêtes;
Car je ne vous vois pas faisant tourner les têtes.

M. RENÉ
Je ne dirai point si j'ai réussi…

Mme DESTOURNELLES
Toujours?
Non. Vous ne devez pas être heureux en amours.
Eh bien! Nous allons voir ce que vous savez faire.
Supposons qu'une femme, habile en l'art de plaire,

Se trouve en tête-à-tête avec vous. Son... Esprit
Dès longtemps attira votre coeur et le prit.
— Supposons que je sois cette femme charmante -
Vous voulez exprimer l'amour qui vous tourmente;
Nous sommes tous deux seuls. - Allez. -
(Elle attend. Il reste debout devant elle dans une pose embarrassée.)
Eh bien, c'est tout?
On peut sans péril écouter jusqu'au bout.
Alors changeons de rôle, et soyez la bergère.
Je vais improviser. Asseyez-vous; - ma chère. -
(Elle prend le chapeau du marquis; s'en coiffe; fléchit un genou devant
lui, et, avec une moquerie dans la voix.)
Je cours après le bonheur;
Plus je cours, plus il va vite.
Mais ce bonheur qui m'évite,
Dis, n'est-il pas dans ton coeur?
Je cherche la douce fièvre;
Mais elle me fuit toujours.
Cette fièvre des amours,
N'est-elle pas sur ta lèvre?
Pour les trouver j'ai dessein
De baiser, ô ma farouche,
Et ton âme sur ta bouche,
Et ton doux coeur sur ton sein.
(Elle le regarde en riant, puis, se relevant.)
Il l'embrasse. Êtes-vous une bergère en Sèvres?
Troublez-vous. Qu'un soupir s'échappe de vos lèvres.
Baissez les yeux, tremblez, pâlissez, rougissez.
(changeant de ton - d'une voix brève)

Çà, nous ne ferons rien. Cher monsieur, c'est assez.

M. RENÉ (brusquement)
Je suis mauvais, la faute en est à mon costume;
Si j'étais en habit tout simple, je présume
Que je saurais sans peine exprimer mon amour.
À l'époque fleurie où régnait Pompadour,
Presque autant que la tête on poudrait la pensée;
Et la phrase ambiguë, avec soin cadencée,
Semblait une chanson aux lèvres des amants.
Ils avaient en l'esprit encor plus d'ornements
Que de rubans de soie à leur fraîche toilette.
L'amant était léger, l'amante était follette.
Ils ne se permettaient que de petits baisers
Pour ne point faire tort à leurs cheveux frisés;
Et gardaient tant de grâce et de délicatesse
Qu'un mot un peu brutal eût rompu leur tendresse.
Mais aujourd'hui, qu'on a décousu pour toujours
La pompe des habits et celle des discours,
Nous ne comprenons plus ces futiles manières;
Et pour se faire aimer il faut d'autres prières,
Plus simples mais aussi plus ardentes.

Mme DESTOURNELLES
Il faut,
Cher monsieur, pour jouer un rôle sans défaut,
Se mettre, avec l'habit, la peau du personnage;
Sentir avec son coeur, penser selon son âge,
Aimer comme il aimait.

M. RENÉ
Mais moi, si j'aime aussi.

Mme DESTOURNELLES
Vous n'aimez pas.

M. RENÉ
Pardon, j'aime.

Mme DESTOURNELLES
Mais non.

M. RENÉ
Mais si.

Mme DESTOURNELLES
Alors vous avez dû lui dire: «Je vous aime.»
Rappelez-vous le ton, et puis faites de même.

M. RENÉ
Non. Je n'ai point osé lui dire.

Mme DESTOURNELLES
C'est discret.
Vous avez donc pensé qu'elle devinerait?

M. RENÉ
Non.

Mme DESTOURNELLES
Mais qu'espérez-vous alors?

M. RENÉ
Moi? Rien. Je n'ose.

Mme DESTOURNELLES
C'est faux. L'homme toujours espère quelque chose.

M. RENÉ
Je ne veux qu'un sourire, un mot, un bon regard.

Mme DESTOURNELLES
C'est trop peu.

M. RENÉ
Rien de plus. À moins que le hasard,
Un jour, plaide ma cause.

Mme DESTOURNELLES
Oh! Le hasard ne plaide,
N'oubliez point ceci, que pour celui qui l'aide.

M. RENÉ
Je souffre horriblement de n'oser point parler.
Son oeil, quand il me fixe, a l'air de m'étrangler;
J'ai peur d'elle.

Mme DESTOURNELLES
Mon Dieu! Que les hommes sont… Bêtes.
Savez-vous point encore, ignorant que vous êtes,
Que ces compliments-là ne nous blessent jamais.
Vous verriez, si j'étais un homme, et si j'aimais.
(René saisit ses mains et les baise avec passion. Elle les retire vivement, très étonnée, un peu fâchée.)
Je n'autorise pas ces manières trop lestes;
La parole suffit, monsieur, gardez vos gestes.

M. RENÉ (tombant à ses genoux)
Certes, j'étais timide et grotesque. Pourquoi?
Je craignais que mon coeur éclatât malgré moi!
Et qu'au lieu des fadeurs de ces propos frivoles,
Ce coeur qui débordait ne dit d'autres paroles.
(Elle s'éloigne de lui, il la poursuit en tenant sa robe.)
Ah! Vous l'avez permis, madame, il est trop tard.
Vous n'avez donc pas vu briller dans mon regard,
Quand il était sur vous, des éclairs de folie;
Ni trouvé sur ma face égarée et pâlie
Ces sillons qu'ont creusés les tortures des nuits?
Vous n'avez donc pas vu que souvent je vous fuis;
Qu'un frisson me saisit quand votre main m'effleure;
Et que si j'ai perdu la tête, tout à l'heure,
C'est qu'en me regardant vos lèvres ont souri,
Que votre oeil m'a touché, marqué, brûlé, meurtri?
Ainsi qu'un malheureux, monté sur une cime,
Se sent pris tout à coup des fièvres de l'abîme,
Et se jette éperdu dedans, la tête en feu;

Ainsi, quand je regarde au fond de votre bleu,
Le vertige me prend d'un amour sans limite!
(Il saisit sa main et la pose sur son coeur.)
Tenez, sentez-vous pas comme mon coeur palpite?

Mme DESTOURNELLES (effarée)
C'est trop. On vous croirait la cervelle égarée;
Et la diction même a l'air exagérée.
La porte du fond s'ouvre sans bruit, et M. DESTOURNELLES apparaît, tenant à chaque main un écrin à bracelet. Il s'arrête et écoute sans être vu.

M. RENÉ
Oui, c'est vrai, mon esprit s'égare, je suis fou!
Quand on lâche un cheval, la bride sur le cou,
Il s'emporte, et voilà ce qu'a fait ma pensée;
Jusqu'ici je l'avais tenue et terrassée,
Mais elle a, près de vous, des élans trop puissants.
Je ne puis exprimer les ardeurs que je sens!
Oui, je vous aime, et j'ai la lèvre torturée
Du besoin de toucher votre bouche adorée;
Et mes bras, malgré moi, s'ouvrent pour vous saisir,
Tant me pousse vers vous un immense désir.

Mme DESTOURNELLES (lui échappant)
Je me fâche. Cessez cette plaisanterie.

M. RENÉ (se traînant à ses pieds)
Je vous aime, je vous aime.

Mme DESTOURNELLES (effrayée)
Assez, ou je crie.

M. RENÉ (avec accablement)
Pardon.

Mme DESTOURNELLES (avec hauteur)
Relevez-vous, monsieur, je vais sonner.

M. RENÉ (désespéré)
Mon Dieu! Vous ne pourrez jamais me pardonner.

Scène 4

Les mêmes, M. DESTOURNELLES

M. DESTOURNELLES (applaudissant)
Bravo! Bravo! Très bien! Vous jouez à merveille!
Je ne vous croyais pas une chaleur pareille.
Mes compliments, monsieur, c'est très bien. Et j'avais
La sotte intention de vous trouver mauvais!
Oh! Mille fois pardon, vous êtes admirable;
Et vous avez surtout cet art incomparable
D'être si naturel, si juste, si vivant,
Que ce morceau d'amour est vraiment émouvant.
Tout est parfait: la voix, l'expression, le geste!
Le difficile est fait maintenant, et le reste
Viendra tout seul. Pourtant, il faut savoir comment
Vous vous en tirerez juste au dernier moment;
Car cela va toujours très bien quand on répète;
Mais aux jours de Première on perd un peu la tête.

Mme DESTOURNELLES (avec un sourire imperceptible, et prenant les bracelets des mains de son mari)
Mon ami, demeurez tranquille sur ce point,
Car si monsieur la perd… Je ne la perdrai point.

FIN

MUSOTTE

(1891)

Guy de Maupassant

A Alexandre Dumas Fils
Hommage de grande admiration
et d'affectueux dévouement
Guy de Maupassant

Personnages

Jean MARTINEL, neveu de M. Martinel, artiste peintre, célèbre déjà et décoré, 30 ans Léon de PETITPRÉ, frère de Gilberte Martinel, jeune avocat, 30 ans M. MARTINEL, ancien armateur havrais, 55 ans M. De PETITPRÉ, ancien conseiller à la Cour, officier de la Légion d'honneur, 60 ans Dr PELLERIN, médecin très élégant, 35 ans Mme de RONCHARD, soeur de M. De Petitpré, 55 ans Henriette LÉVÊQUE, surnommée MUSOTTE, petit modèle, ancienne maîtresse de Jean Martinel, 22 ans Mme FLACHE, sage-femme, ancienne danseuse de l'Opéra, 35 ans Gilberte MARTINEL, fille de M. Et Mme de Petitpré, mariée le jour même à Jean Martinel, 20 ans.

Lise BABIN, nourrice, 26 ans DOMESTIQUES

La scène, de nos jours, à Paris 1890

Acte Premier

Un salon sévère et de grand style chez M. De Petitpré. Table au milieu. Canapé à droite. Chaise et fauteuil à gauche. Porte au fond donnant sur une galerie. Portes latérales. Lampes allumées. On sort de table.

Scène Première

M. DE PETITPRÉ, M. MARTINEL, Mme DE RONCHARD, LÉON DE PETIPRÉ, JEAN, GILBERTE, en robe de mariée, sans couronne ni voile.

MADAME DE RONCHARD, après avoir salué M. Martinel, qui lui donnait le bras, va s'asseoir à droite, puis
Gilberte! Gilberte!

GILBERTE, quittant le bras de Jean
Ma tante?

MADAME DE RONCHARD
Le café, mon enfant!

GILBERTE, s'approchant de la table
J'y vais, ma tante.

MADAME DE RONCHARD
Prends garde à ta robe!

LÉON, accourant
Mais non, mais non, ce n'est pas ma soeur qui sert le café aujourd'hui. Le jour de son mariage! C'est moi qui m'en charge. (A Mme de Ronchard.) Vous savez que je peux tout faire, ma tante, en ma qualité d'avocat.

MADAME DE RONCHARD
Oh! Je connais tes mérites, Léon, et je les apprécie…

LÉON, riant, en lui présentant une tasse
Trop bonne.

MADAME DE RONCHARD, après avoir pris la tasse, sèche:… Pour ce qu'ils valent!

LÉON, à lui-même, retournant à la table
V'lan! Le petit coup de patte… Ça ne manque jamais. (Offrant une autre tasse à Martinel.) Trois morceaux, n'est-ce pas, monsieur Martinel, et un peu de fine champagne? Je sais vos goûts. Nous vous soignerons bien, allez!

MARTINEL
Merci, mon ami.

LÉON, à son père
Tu en prends, père?

PETITPRÉ

Oui, mon fils.

LÉON, aux jeunes mariés qui se sont assis à gauche et causent à voix basse
Et vous les jeunes époux? (Les jeunes gens absorbés ne répondent pas.)
La cause est entendue!
Il replace la tasse sur la table.

PETITPRÉ, à Martinel
Vous ne fumez pas, je crois?

MARTINEL
Jamais, merci.

MADAME DE RONCHARD
Ça m'étonne. Mon frère et Léon ne s'en passeraient pour rien au monde, même un jour comme celui-ci… Quelle horreur que le cigare!

PETITPRÉ
Une bonne horreur, Clarisse.

LÉON, allant à sa tante
Presque toutes les horreurs sont bonnes, ma tante; j'en connais d'exquises.

MADAME DE RONCHARD
Polisson!

PETITPRÉ, prenant le bras de son fils

Viens fumer dans le billard, puisque ta tante n'aime pas ça!

LÉON, à non père
Le jour où elle aimera quelque chose en dehors de ses caniches!

PETITPRÉ
Allons, tais-toi.
Ils sortent l'un et l'autre par le fond.

MARTINEL, à Mme de Ronchard
Voilà les mariages comme je les aime et comme on n'en fait pas souvent ici, dans votre Paris. Après le lunch, offert en sortant de l'église, tous les invités s'en vont, même les demoiselles d'honneur et les garçons d'honneur. On reste en famille, puis on dîne avec quelques parents. Partie de billard ou partie de cartes, comme tous les jours; flirt entre les mariés… (à ce moment, Gilberte et Jean se lèvent et sortent lentement par le fond, en se donnant le bras); puis, avant minuit, dodo.

MADAME DE RONCHARD, à part
Ce qu'il est commun!

MARTINEL, va s'asseoir à droite, sur le canapé, à côté de Mme de Ronchard
Quant aux jeunes gens, au lieu de partir pour l'absurde voyage traditionnel, ils se rendent tout bonnement dans le petit logis préparé pour eux. Je sais bien que vous trouvez que ça manque de chic, de genre, de flafla. Tant pis! J'aime ça, moi.

MADAME DE RONCHARD

Ce n'est pas dans les usages du monde, monsieur!

MARTINEL
Le monde! Il y en a trente-six mille mondes. Tenez, rien qu'au Havre…

MADAME DE RONCHARD
Je ne connais que le nôtre… (se reprenant) le mien, qui est le bon.

MARTINEL
Naturellement. Enfin, Madame, tout simple qu'il soit, il est fait ce mariage, et j'espère que vous avez admis en grâce mon pauvre neveu, qui jusqu'ici…

MADAME DE RONCHARD
Il le faut bien, puisqu'il est le gendre de mon frère et le mari de ma nièce.

MARTINEL
Ça n'a pas été tout seul, hein? Je suis joliment content que ce soit fini, moi, quoique j'aie passé ma vie dans les difficultés…

MADAME DE RONCHARD
Vous?

MARTINEL
… Les difficultés commerciales et non matrimoniales.

MADAME DE RONCHARD
Vous parlez de difficultés, vous, un Crésus, qui donnez cinq cent mille

francs de dot à votre neveu! (Avec un soupir.) Cinq cent mille francs! Ce que m'a mangé feu mon mari…

MARTINEL
Oui… Je sais que M. De Ronchard…

MADAME DE RONCHARD, soupirant
Ruinée et abandonnée après un an de mariage, monsieur, un an! Juste le temps de comprendre combien j'aurais pu être heureuse! Car il avait su se faire adorer, le misérable!

MARTINEL
Une canaille, enfin!

MADAME DE RONCHARD
Oh! Monsieur! C'était un homme du monde.

MARTINEL
Ça n'empêche pas…

MADAME DE RONCHARD
Mais ne parlons pas de mes malheurs. Ce serait trop long et trop triste. Tout le monde est si heureux ici.

MARTINEL
Et moi plus que tout le monde, je l'avoue. C'est un si brave garçon que mon neveu! Je l'aime comme un fils. Moi, j'ai fait ma fortune dans le commerce…

MADAME DE RONCHARD, à part
Ça se voit.

MARTINEL:… Le commerce maritime; lui, il est en train de faire la gloire de notre nom par sa renommée d'artiste; il gagne de l'argent avec ses pinceaux comme j'en ai gagné avec mes bateaux. Les arts, aujourd'hui, madame, ça rapporte autant que le commerce et c'est moins aléatoire. Par exemple, s'il est arrivé aussi vite, c'est bien à moi qu'il le doit. Mon pauvre frère mort, et sa femme l'ayant suivi de près, je me suis trouvé, garçon, seul avec le petit. Dame! Je lui ai fait apprendre tout ce que j'ai pu. Il a tâté la science, la chimie, la musique, la littérature. Mais il mordait au dessin plus qu'à tout le reste. Ma foi, je l'ai poussé de ce côté. Vous voyez que ça a réussi. A trente ans, il est célèbre, il vient d'être décoré…

MADAME DE RONCHARD
Décoré à trente ans, c'est tard pour un peintre.

MARTINEL
Bah! Il rattrapera le temps perdu. (Se levant.) Mais, je bavarde, je bavarde… Excusez-moi. Je suis un homme tout rond. Et puis, je suis un peu animé par le dîner. C'est la faute à Petitpré, son bourgogne est excellent, un vrai vin de conseiller à la Cour. Et nous buvons bien, au Havre!
Il va finir son verre de fine champagne.

MADAME DE RONCHARD, à part
En est-il assez, du Havre!

MARTINEL, revenant à Mme de Ronchard
Là! Voir la paix faite entre nous, n'est-ce pas? Une vraie paix qui dure, que ne rompt pas une niaiserie comme celle qui a failli rompre ce mariage.

MADAME DE RONCHARD, se levant et passant à gauche
Une niaiserie? Vous en parlez bien à votre aise! Mais puisque c'est chose faite... C'est égal, je rêvais pour ma nièce un autre... Berger que celui-là. Enfin, faute de grive, on mange un merle, comme dit le proverbe.

MARTINEL
Un merle blanc, madame! Quant à votre nièce, c'est une perle. Et le bonheur de ces enfants fera le bonheur de mes derniers jours.

MADAME DE RONCHARD
Je le souhaite, sans oser l'espérer, monsieur.

MARTINEL
Allez! Je possède bien la connaissance des mérites des femmes... Et des vins supérieurs.

MADAME DE RONCHARD, à part
Surtout!

MARTINEL
Voilà tout ce qu'il faut dans la vie.

Scène II

LES MÊMES, plus PETITPRÉ, paraissant au fond, avec LÉON.

PETITPRÉ
Puisque ça se passe comme tous les jours, voulez-vous faire une partie de billard avec moi, monsieur Martinel?

MARTINEL
Je crois bien. J'adore le billard.

LÉON, descendant
Comme papa! Et il paraît que quand on aime le billard, c'est une passion. Vous êtes deux petits passionnés, quoi!

MARTINEL
Voyez-vous, mon garçon, quand on avance dans l'existence, et qu'on n'a pas de famille, il faut bien se réfugier dans ces plaisirs-là. Avec la pêche à la ligne pour le matin, le billard pour le soir, on possède deux goûts sérieux et captivants.

LÉON
Oh! Oh! La pêche à la ligne! Se lever de grand matin; s'asseoir, les pieds dans l'eau, sous la pluie et le vent, dans l'espoir de prendre tous les quarts d'heure un poisson gros comme une allumette… Un goût captivant, ça?

MARTINEL

Mais sans doute. Croyez-vous qu'il y ait un amoureux au monde capable d'en faire autant pour une femme pendant dix, douze ou quinze ans de sa vie? Allons donc, il y renoncerait au bout de quinze jours!

MADAME DE RONCHARD

Ah! Certes!

LÉON

Moi, je me connais… Je n'attendrais pas la semaine!

MARTINEL

Vous voyez bien.

PETITPRÉ

Allons, mon cher Martinel. En cinquante, voulez-vous?

MARTINEL

En cinquante, ça va! A tout à l'heure, madame de Ronchard!

MADAME DE RONCHARD

En est-il assez, du Havre!

Martinel et Petitpré sortent par le fond.

Scène III

LÉON, Mme DE RONCHARD

LÉON
C'est un brave homme, ce M. Martinel. Peu cultivé, mais gai comme le soleil et droit comme une règle.

MADAME DE RONCHARD, assise à gauche
Il manque de distinction.

LÉON, s'oubliant
Et vous, ma tante!

MADAME DE RONCHARD
Tu dis?

LÉON, se reprenant et allant à elle
Je dis
Et vous, ma tante… Vous vous y connaissez… Et vous pouvez juger mieux que personne… Avec votre grande habitude du monde.

MADAME DE RONCHARD
Mais certainement! Tu étais trop gamin pour t'en souvenir, mais j'ai été beaucoup dans le monde autrefois, avant ma ruine. J'y ai même eu des succès. A un grand bal de l'ambassade ottomane, où j'étais costumée en Salammbô…

LÉON
Vous! En Carthaginoise

MADAME DE RONCHARD
Certainement, en Carthaginoise... Et j'étais joliment bien, va! C'était en mil huit cent soixante...

LÉON, s'asseyent près d'elle
Pas de dates! Je ne demande pas de dates!

MADAME DE RONCHARD
Ne sois pas ironique.

LÉON
Ironique, moi? A Dieu ne plaise! Seulement, comme vous ne vouliez pas de ce mariage et que moi j'en voulais et que ce mariage s'est fait... Je suis content, que voulez-vous? Je triomphe, je triomphe même bruyamment ce soir... Mais demain, envolé le triomphateur... Plus rien qu'un petit neveu respectueux, gentil... Gentil... Allons, faites risette, ma tante. Vous n'êtes pas aussi méchante que ça, au fond, puisque vous avez eu la grandeur d'âme de fonder, à Neuilly, malgré votre fortune modeste, un hôpital... Pour les chiens errants.

MADAME DE RONCHARD
Que veux-tu? Quand on est seule, quand on n'a pas d'enfants... J'ai été si peu mariée! Qu'est-ce que je suis, moi, au fond? Une vieille fille, et, comme toutes les vieilles filles...

LÉON
Vous aimez les petits chiens…

MADAME DE RONCHARD
Autant que je déteste les hommes!

LÉON
Vous voulez dire un homme, votre mari. Et en ça vous n'avez pas tort.

MADAME DE RONCHARD
Et tu savais pour quelle femme, pour quelle fille, il m'a abandonnée, ruinée! Tu ne l'as jamais vue, toi, cette femme?

LÉON
Pardonnez-moi… Une fois, aux Champs-Élysées. Je me promenais avec vous et papa. Un monsieur et une dame venaient à nous, vous avez été très émue, vous avez pressé le pas, tiré fiévreusement le bras de mon père et j'ai entendu que vous lui disiez à voix basse
«Ne regarde pas! C'est elle!»

MADAME DE RONCHARD
Alors, qu'est-ce que tu as fait, toi?

LÉON
Moi? J'ai regardé!

MADAME DE RONCHARD, se levant
Et tu l'as trouvée horrible, hein?

LÉON
Je ne sais pas, j'avais onze ans.

MADAME DE RONCHARD, passant à droite
Tu est insupportable! Tiens, je te battrais.

LÉON, câlin, se levant
Eh bien! Non, là! Vrai! C'est la dernière fois. Je ne serai plus méchant, je vous le promets! Pardonnez-moi.

MADAME DE RONCHARD, faisant mine de sortir par le fond
Non!

LÉON
Si!

MADAME DE RONCHARD, revenant
Non! Si tu n'étais que taquin à mon égard, passe encore. Je sais me défendre. Mais tu as été imprudent vis-à-vis de ta soeur. Et cela, c'est plus grave!

LÉON
Imprudent, moi?

MADAME DE RONCHARD, tapant sur la table à droite
Oui. Ce mariage, c'est toi qui l'as fait.

LÉON, même jeu, à gauche de la table
Certes! Et j'ai eu raison! Je ne me lasserai jamais de le dire.

MADAME DE RONCHARD, même jeu
Et moi je ne me lasserai jamais de répéter que ce n'est pas un garçon comme celui-là qu'il fallait à Gilberte!

LÉON, même jeu
Qu'est-ce qu'il fallait donc alors à Gilberte?

MADAME DE RONCHARD
Un homme en place, un fonctionnaire, un médecin, un ingénieur.

LÉON
Comme au théâtre.

MADAME DE RONCHARD
Il y en a aussi dans la vie! Mais surtout pas un beau garçon.

LÉON
C'est ça que vous reprochez à Jean? Mais c'est une énormité, ma tante, qu'on répète trop souvent dans le monde. Un homme n'a pas besoin d'être beau. S'ensuit-il qu'il doive être laid?

MADAME DE RONCHARD, s'asseyant sut le tabouret devant la table
Mon mari était beau, lui, superbe même, un vrai cent-garde! Et je sais ce que ça m'a coûté.

LÉON
Ça lui aurait peut-être coûté plus cher, à lui, s'il avait été laid. (Interrompant Mme de Ronchard qui va s'emporter.) D'ailleurs, Jean n'est pas

beau, il est bien. Il n'est pas fat, il est simple. Il a de plus un talent qui grandit tous les jours. Il sera certainement de l'Institut. Ça vous fera plaisir, ça, qu'il soit de l'Institut? Ça vaudra bien votre ingénieur. Et puis, toutes les femmes le trouvent charmant, excepté vous.

MADAME DE RONCHARD
C'est justement ce que je lui reproche. Il est trop bien. Il a déjà fait le portrait d'un tas de femmes. Il continuera. Elles resteront des heures seules avec lui, dans son atelier... Et nous savons ce qui s'y passe, dans les ateliers!

LÉON
Vous y avez été, ma tante?

MADAME DE RONCHARD, offusquée
Oh! (Se reprenant.) Ah! Si une fois, chez Horace Vernet.

LÉON
Un peintre de batailles!

MADAME DE RONCHARD
Enfin, je dis que tous ces artistes-là, ce n'est pas fait pour entrer dans une famille de magistrats comme la nôtre. Ça y amène des catastrophes. Est-il possible d'être un bon mari dans des conditions pareilles, avec un tas de femmes autour de soi qui passent leur temps à se déshabiller, à se rhabiller? Les clientes, les modèles... (Avec intention.) Les modèles surtout (Elle se lève, Léon se tait.) J'ai dit les modèles, Léon.

LÉON

J'entends bien, ma tante. C'est une allusion fine et délicate que vous faites à l'histoire de Jean. Eh bien! Quoi! Il a eu pour maîtresse un de ses modèles, il l'a aimée, très sincèrement aimée pendant trois ans…

MADAME DE RONCHARD
Est-ce qu'on aime ces femmes-là!

LÉON
Toutes les femmes peuvent être aimées, ma tante, et celle-là méritait de l'être plus que bien d'autres.

MADAME DE RONCHARD
Beau mérite, pour un modèle, d'être jolie. Ça rentre dans le métier, ça!

LÉON
Métier ou non, c'est tout de même joli d'être jolie. Mais elle était mieux que jolie, celle-là, elle était d'une nature exceptionnellement tendre, bonne, dévouée…

MADAME DE RONCHARD
Il ne fallait pas qu'il la quitte, alors!

LÉON
Comment! C'est vous qui me dites ça? Vous qui tenez tant à l'opinion du monde? (Se croisant les bras.) Seriez-vous pour l'union libre, ma tante?

MADAME DE RONCHARD
Quelle horreur!

LÉON, sérieux
Non! La vérité, c'est qu'il est arrivé à Jean ce qui est arrivé à bien d'autres avant lui, d'ailleurs. Une fillette de dix-neuf ans, rencontrée, aimée... Un collage... (se reprenant) des relations intimes s'établissant peu à peu et durant pendant une, deux, trois années; la durée du bail au gré des locataires. Puis, à ce moment-là, rupture tantôt violente, tantôt douce, rarement à l'amiable. Et puis l'un à droite, l'autre à gauche... Enfin l'éternelle aventure banale à force d'être vraie. Mais ce qui distingue celle de Jean, c'est le caractère vraiment admirable de la femme.

MADAME DE RONCHARD
Oh! Oh! Admirable? Mademoiselle... (S'interrompant.) Au fait, comment l'appelez-vous, cette fille? J'ai oublié, moi. Mlle Mus... Mus...

LÉON
Musotte, ma tante... La petite Musotte...

MADAME DE RONCHARD
Musette? Peuh! C'est bien vieux jeu, ça! Le quartier Latin, la vie de bohème... (Avec mépris.) Musette!

LÉON
Mais non, pas Musette, Musotte, avec un O... Musotte à cause de son gentil petit museau... Vous comprenez? Musotte! Ça dit tout!

MADAME DE RONCHARD, avec mépris
Oui... La Musotte fin de siècle, c'est encore pire... Mais, enfin, Musotte, ce n'est pas un nom, ça!

LÉON
Aussi n'est-ce qu'un surnom, ma tante, son surnom de modèle... Son vrai nom est Henriette Lévêque.

MADAME DE RONCHARD, offusquée
Lévêque?

LÉON
Eh bien! Oui, Lévêque! Qu'est-ce que vous voulez, c'est comme ça, je n'y suis pour rien. Or Henriette Lévêque, ou Musotte si vous préférez, non seulement pendant toute cette liaison a été fidèle à Jean, l'adorant, l'entourant d'un dévouement, d'une tendresse toujours en éveil, mais à l'heure de la rupture, elle a fait preuve d'une force d'âme! Elle a tout accepté sans reproches, sans récriminations... Elle a compris, la pauvre petite, que c'était fini, bien fini... Avec son instinct de femme, elle a senti combien l'amour de Jean pour ma soeur était réel et profond. Elle s'est inclinée, elle a disparu, acceptant non sans résistance la position indépendante que lui créait Jean. Et elle a bien fait d'accepter, car elle se serait tuée plutôt que de devenir une... (s'arrêtant, respectueusement à sa tante) une courtisane! Ça, j'en suis sûr!

MADAME DE RONCHARD
Et depuis, Jean ne l'a pas revue?

LÉON
Pas une fois. Et voilà de cela huit mois à peu près. Comme il désirait avoir de ses nouvelles, il me chargea d'en prendre. Je ne la trouvai pas. Et je ne pus rien savoir d'elle, tant elle avait mis d'adresse à cette fuite généreuse et noble. (Changeant de ton.) Mais je ne sais pas pourquoi je

vous répète tout ça… Vous le savez aussi bien que moi, je vous l'ai déjà dit vingt fois.

MADAME DE RONCHARD
C'est tellement invraisemblable que je ne le crois pas plus à la vingtième fois qu'à la première.

LÉON
C'est la vérité pourtant.

MADAME DE RONCHARD
Eh bien! Si c'est la vérité, tu as tort d'aider Jean à rompre cette liaison avec une femme si… Admirable.

LÉON
Non, ma tante, j'ai fait mon devoir. Vous me traitez parfois d'écervelé et vous avez souvent raison. Mais vous savez aussi que je sais être sérieux quand il le faut. Si cette liaison vieille de trois ans avait encore duré, Jean perdait sa vie.

MADAME DE RONCHARD
Qu'est-ce que ça peut nous faire?

LÉON
C'est terrible pour un homme, ces… Collages-là. Tant pis! J'ai dit le mot! C'était mon devoir d'ami, je le répète, de tâcher d'y soustraire Jean, et mon devoir de frère de faire épouser à ma sœur un homme tel que lui. Et vous verrez que l'avenir me donnera raison… Et puis, quand vous aurez, plus tard, un petit-neveu ou une petite-nièce, à soigner, à dorlo-

ter… C'est ça qui enfoncera tous vos caniches de Neuilly.

MADAME DE RONCHARD
Les pauvres chéris! Je ne les abandonnerai jamais. Tu sais que je les aime comme une mère!

LÉON
Eh bien! Vous deviendrez leur tante seulement, tandis que vous serez la mère de votre petit-neveu.

MADAME DE RONCHARD
Tais-toi! Tu m'exaspères.

JEAN, qui vient de paraître depuis un instant avec Gilberte dans la galerie du fond, à son domestique, au fond également
Joseph! Vous n'avez rien oublié? Des fleurs partout!

LE DOMESTIQUE
Que Monsieur et Madame soient tranquilles, ils trouveront tout en ordre.
Il disparaît.

LÉON, à sa tante
Tenez! Regardez-les, sont-ils gentils tous les deux!

Scène IV

LES MÊMES, plus JEAN et GILBERTE

JEAN, à Mme de Ronchard, s'avançant vers elle
Savez-vous de quoi nous parlions tout à l'heure, madame? Nous parlions de vous?

LÉON, à part
Hum! Hum!

JEAN
Oui, je disais que je ne vous avais pas encore fait mon cadeau de noces, parce que cela m'a demandé beaucoup de réflexion.

MADAME DE RONCHARD, sèche
Mais Gilberte m'en a fait un très beau pour vous deux, monsieur.

JEAN
Ça ne suffit pas. Moi, j'ai cherché quelque chose qui fût particulièrement agréable à vos goûts... Savez-vous ce que j'ai trouvé? C'est bien simple. Je vous prie, madame, de vouloir bien accepter ce portefeuille qui contient quelques billets pour vos toutous abandonnés. Vous pourrez établir dans votre asile quelques niches supplémentaires, et vous me permettrez seulement d'aller caresser de temps en temps ces pensionnaires nouveaux, à la condition que vous ne choisirez pas les plus méchants pour moi.

MADAME DE RONCHARD, flattée dans sa manie
Mais… Merci bien, monsieur. C'est gentil de penser à mes pauvres bêtes.

LÉON, bas à l'oreille de Jean
Diplomate, va!

JEAN
Rien d'étonnant, madame. J'ai pour les bêtes beaucoup d'amical instinct. Ce sont les frères sacrifiés de l'homme, ses esclaves et sa nourriture, les vrais martyrs de cette terre.

MADAME DE RONCHARD
Ce que vous dites là est fort juste, monsieur. J'y ai souvent songé. Oh! Les pauvres chevaux, battus par les cochers dans les rues!

LÉON, avec emphase
Et le gibier, ma tante, le gibier affolé, tombant sous le plomb de tous les côtés, fuyant éperdu devant ces horribles massacres… Pan! Pan! Pan!

MADAME DE RONCHARD
Ne parle pas de ça… On en frémit… C'est épouvantable!

JEAN, allant à Gilberte
Épouvantable!

LÉON, après un temps, gaiement
Oui.., mais c'est bon à manger!

MADAME DE RONCHARD
Tu es sans pitié!

LÉON, à voix basse, à sa tante
Sans pitié pour les bêtes, peut-être; mais vous, vous l'êtes pour les gens.

MADAME DE RONCHARD, de même
Qu'entendstu par là?

LÉON, de même, lui montrant Jean et Gilberte qui se sont assis sur le canapé, à droite
Croyez-vous que votre présence leur soit agréable, ce soir, à tous les deux? (Lui prenant le bras.) Papa a certainement fini de fumer... Allez un peu dans la salle de billard.

MADAME DE RONCHARD
Et toi?

LÉON
Moi, je descends au rez-de-chaussée, dans mon cabinet de travail... Et je remonte aussitôt après.

MADAME DE RONCHARD, ironique
Ton cabinet de travail... C'est ton atelier à toi, hein, polisson? Les clientes?

LÉON, pudique
Ah! Ma tante... Chez nous on ne se déshabille pas. (A part.) Hélas! (Sor-

tant par la droite, en bénissant les deux jeunes gens.) Enfants, je vous bénis!

Mme de Ronchard sort en même temps par le fond.

Scène V

JEAN, GILBERTE, assis sur le canapé, à droite.

JEAN
Oui, oui, vous êtes bien ma femme, mademoiselle.

GILBERTE
Mademoiselle?

JEAN
Oh! Pardon. Tiens, je ne sais comment vous nommer.

GILBERTE
Dites Gilberte, ça n'a rien de choquant.

JEAN
Gilberte! Enfin, enfin, enfin, vous êtes ma femme.

GILBERTE
En vérité, ce n'est pas sans peine.

JEAN
Ah! Quelle mignonne et énergique créature vous êtes! Comme vous avez lutté contre votre père, contre votre tante! C'est par vous, grâce à vous, que nous sommes l'un à l'autre; merci de tout mon coeur... Qui vous appartient.

GILBERTE
J'ai eu confiance en vous, voilà tout.

JEAN
Rien que de la confiance?

GILBERTE
Vous êtes fat. Vous me plaisiez aussi, et vous le saviez bien... Si vous ne m'aviez pas plu, ma confiance devenait inutile. On plaît d'abord; sans ça, rien à tenter, monsieur...

JEAN
Dites Jean... Comme j'ai dit Gilberte.

GILBERTE, hésitante
Ce n'est pas la même chose... Il me semble... Cependant... Non! Je ne pourrais pas.
Elle se lève et passe à gauche.

JEAN, se levant à son tout
Comme je vous aime! Je ne suis pas un emballé, je vous le jure; je suis un homme qui vous aime, parce que j'ai découvert en vous des mérites inappréciables. Vous êtes une perfection douée d'autant de raison que de sentiment. Et votre sentiment ne ressemble en rien à la sentimentalité ordinaire des femmes. C'est cette grande et belle faculté d'attendrissement qui caractérise les nobles âmes et qu'on ne rencontre plus guère dans le monde. Et puis vous êtes jolie, très jolie, très gracieuse, d'une grâce spéciale, et j'adore la beauté, moi qui suis peintre... Et puis, avant tout, vous me séduisez... Jusqu'à avoir effacé le reste du monde de ma

pensée et de mes yeux.

GILBERTE
Cela me fait beaucoup de plaisir de vous entendre; cependant, je vous prie de n'en pas dire davantage, car cela me gêne aussi un peu. Je sais bien pourtant, car je prévois à peu près tout, qu'il faut profiter d'aujourd'hui pour savourer toutes ces choses; ce sont là encore des paroles tremblantes de fiancé. Celles de plus tard seront délicieuses aussi peut-être, quand on s'exprime comme vous, et quand on aime comme vous paraissez m'aimer. Mais elles seront différentes.

JEAN
Oh!

GILBERTE, s'asseyant sur le tabouret devant la table
Parlez encore.

JEAN
Ce qui m'a entraîné vers vous, c'est cette harmonie mystérieuse de la forme de votre être et de sa nature intime. Vous rappelez-vous ma première entrée dans cette maison

GILBERTE
Oui, très bien. C'est mon frère qui vous a amené dîner. Je crois même que vous avez fait quelque résistance.

JEAN, riant
Est-il peu sûr, votre indiscret de frère! Ah! Il vous a avoué cela… Je suis confus tout de même qu'il vous l'ait dit. J'en conviens, j'ai fait quelque

résistance. J'étais un artiste accoutumé à notre société particulière, vivante et bruyante, libre de propos, et je fus un peu inquiet à l'idée de pénétrer dans un intérieur sérieux comme le vôtre, un intérieur à magistrats et à jeunes filles. Mais j'aime tant votre frère, je le trouve si imprévu, si gai, si sagement ironique et perspicace sous sa trompeuse légèreté, que je le suivais partout, et je l'ai suivi chez vous. Et je l'en ai bien remercié, allez! Quand je suis entré dans ce salon où votre famille se tenait, vous disposiez en un vase de Chine des fleurs qu'on venait d'apporter; vous en souvenez-vous?

GILBERTE
Oui, certainement.

JEAN
Votre père me parla de mon oncle Martinel, qu'il avait connu autrefois. Ce fut un trait d'union entre nous. Mais tout en causant, je vous regardais arranger vos fleurs.

GILBERTE, souriant
Vous me regardiez même trop pour une première fois.

JEAN
Je vous regardais en artiste, et j'admirais, vous trouvant délicieuse de figure, de tournure et de geste. Et puis, pendant six mois, je suis revenu souvent dans cette maison où votre frère m'invitait et où votre présence me rappelait. J'ai senti voue charme à la façon d'un aimant. C'était une attraction incompréhensible m'appelant vers vous sans cesse. (Il s'assied près d'elle à droite de la table.) Alors, une idée confuse, celle que vous pourriez un jour devenir ma femme, s'est glissée en mon esprit, et j'ai

fait se renouer des relations entre votre père et mon oncle. Les deux hommes sont devenus amis. N'avez-vous rien compris de mes manoeuvres?

GILBERTE
Compris? Non; j'ai un peu deviné, par moments. Mais j'étais si surprise qu'un homme comme vous, en plein succès, si connu, si fêté, s'occupât tant d'une fillette aussi modeste que moi, que je ne pouvais croire vraiment à la sincérité de vos attentions.

JEAN
Pourtant nous sûmes nous entendre et nous comprendre bien vite.

GILBERTE
Votre caractère me plaisait. Je vous sentais très loyal
puis vous m'amusiez beaucoup, car vous m'apportiez de l'air artiste qui faisait vivre mes idées. Il faut avouer aussi que mon frère m'avait bien préparé à vous apprécier. Il vous aime beaucoup, Léon.

JEAN
Je sais. Je crois même que c'est lui qui a eu le premier l'idée de ce mariage. (Après un court silence.) Vous rappelez-vous notre retour de Saint-Germain, quand nous avons été dîner au pavillon Henri IV?

GILBERTE
Je crois bien.

JEAN
Mon oncle et votre tante étaient dans le fond du landau. Vous et moi à

reculons, et, dans l'autre voiture, votre père et Léon. Quelle belle nuit d'été! Vous aviez l'air très froid à mon égard.

GILBERTE
J'étais si troublée!

JEAN
Vous deviez pourtant vous attendre à ce que je vous pose un jour la question que je vous ai posée, car vous ne pouviez plus ignorer que je m'occupais beaucoup de vous et que mon coeur était conquis.

GILBERTE
C'est vrai. N'importe, elle m'a surprise et bouleversée. Ah! J'y ai songé souvent depuis, et je n'ai jamais pu me rappeler la phrase dont vous vous êtes servi. Vous en souvenez-vous?

JEAN
Non. Elle m'est venue aux lèvres, montée du fond de mon coeur, comme une prière éperdue. Je sais seulement que je vous ai dit que je ne reviendrais plus dans votre famille, si vous ne me laissiez pas un peu l'espoir d'en être un jour, quand vous me connaîtriez davantage. Vous avez réfléchi bien longtemps avant de me répondre, puis vous m'avez dit à voix si basse que j'hésitais à vous faire répéter…

GILBERTE, prenant la parole et répétant comme en rêve
«… Ça me ferait de la peine de ne plus vous voir…»

JEAN
Oui!

GILBERTE
Vous n'avez rien oublié!

JEAN
Est-ce qu'on oublie ça? (Avec une émotion profonde.) Savez-vous ce que je pense? En nous regardant bien l'un et l'autre, en étudiant bien nos coeurs, nos âmes et notre façon de nous comprendre, de nous aimer, je crois que nous sommes partis sur la vraie route du bonheur!
Il l'embrasse. Ils restent un moment silencieux.

GILBERTE, se levant
Mais il faut que je vous quitte. (Se dirigeant vers la porte de gauche.) Je vais me préparer pour notre départ. Vous, pendant ce temps, allez retrouver mon père.

JEAN, la suivant
Oui, mais dites-moi avant que vous m'aimez.

GILBERTE
Oui… Je vous aime.

JEAN, lui mettant un baiser sur le front
Ma bien-aimée!
Gilberte disparaît par la gauche. Une seconde après Martinel arrive par le fond, l'air très agité, une lettre à la main.

MARTINEL, apercevant Jean, glisse vivement la lettre dans la poche de son habit, et se remettant

Tu n'as pas vu Léon?

JEAN
Non. Vous avez besoin de lui?

MARTINEL
Rien qu'un mot à lui dire... Un renseignement sans importance.

JEAN, l'apercevant
Tenez! Le voici!
Léon entre par la droite. Jean disparaît par le fond.

Scène VI

MARTINEL, LÉON

MARTINEL, allant vivement à Léon
J'ai à vous parler cinq minutes. Il nous arrive une chose terrible. De ma vie je n'ai éprouvé une émotion et un embarras pareils.

LÉON
Dites vite.

MARTINEL
Je finissais ma partie de billard quand votre domestique m'a apporté une lettre adressée à M. Martinel, sans prénom, avec la mention «Très urgent.» Je la crois adressée à moi, je déchire l'enveloppe, et je lis des choses écrites à Jean, des choses qui m'ont enlevé toute raison, je viens vous trouver pour vous demander conseil, car il s'agit de prendre une résolution sur l'heure, à la minute même.

LÉON
Parlez!

MARTINEL
Je suis un homme d'action, monsieur Léon, et je ne demanderais l'avis de personne s'il s'agissait de moi; mais il s'agit de Jean… J'hésite encore pourtant… C'est si grave… Et puis, ce secret n'est pas à moi, je l'ai surpris.

LÉON
Dites donc vite, et ne doutez pas de moi.

MARTINEL
Je ne doute pas de vous. Tenez, voici cette lettre. Elle est du docteur Pellerin, le médecin de Jean, son ami, notre ami, un toqué, un viveur, un médecin de jolies femmes, mais incapable d'écrire ceci sans nécessité absolue.
Il passe la lettre à Léon qui la lit tout haut.

LÉON, lisant
«Mon cher ami, je suis désolé d'avoir à vous communiquer, surtout ce soir, ce que je suis obligé de vous dévoiler. Mais je me dis pour m'absoudre que si j'agissais autrement, vous ne me le pardonneriez peut-être pas. Votre ancienne maîtresse, Henriette Lévêque, est mourante et veut vous dire adieu. (Il jette un regard à Martinel, qui lui fait signe de continuer.) Elle ne passera pas la nuit. Elle meurt après avoir mis au monde, voilà une quinzaine de jours, un enfant que, au moment de quitter cette terre, elle jure être de vous. Tant qu'elle n'a couru aucun danger, elle était décidée à vous laisser ignorer l'existence de cet enfant. Aujourd'hui condamnée, elle vous appelle. Je sais combien vous avez aimé cette femme. Vous agirez comme vous le penserez. Elle demeure rue Cheptel 31. Je vous serre les mains, mon cher ami.»

MARTINEL
Voilà! Cela nous arrive ce soir, c'est-à-dire à la minute même où ce malheur menace tout l'avenir, toute la vie de votre soeur et de Jean. Que feriez-vous à ma place? Garderiez-vous cette lettre ou la livreriez-vous? En

la gardant, nous sauvons peut-être la situation, mais cela me semble indigne.

LÉON, énergiquement
Oui, indigne! Il faut donner la lettre à Jean.

MARTINEL
Que fera-t-il?

LÉON
Il est seul juge de ce qu'il doit faire! Nous n'avons pas le droit de lui rien cacher.

MARTINEL
S'il me consulte?

LÉON
Je ne crois pas qu'il le fasse. On ne consulte en ce cas là que sa conscience.

MARTINEL
Mais il me traite comme un père. S'il hésite un seul instant entre l'élan de son dévouement et l'écrasement de son bonheur, que lui conseillerai-je?

LÉON
Ce que vous feriez vous-même.

MARTINEL
Moi, j'irais! Et vous?

LÉON, résolument
Moi aussi.

MARTINEL
Mais votre soeur?

LÉON, tristement, s'assied devant la table
Oui, ma pauvre petite soeur. Quel chagrin!

MARTINEL, après une hésitation, brusquement, passant de gauche à droite
Non, c'est trop dur, je ne lui donnerai pas cette lettre. Je serai coupable, tant pis, je la sauve.

LÉON
Vous ne pouvez pas faire ça, monsieur. Nous la connaissons tous deux, cette pauvre fille, et je me demande avec angoisse si ce n'est pas de ce mariage qu'elle meurt. (Se levant.) On ne refuse pas, quoi qu'il doive arriver, lorsqu'on a eu pendant trois ans tout l'amour d'une femme comme elle, d'aller lui fermer les yeux.

MARTINEL
Que fera Gilberte?

LÉON
Elle adore Jean… Mais elle est fière.

MARTINEL

Acceptera-t-elle? Pardonnera-t-elle?

LÉON
J'en doute beaucoup, surtout après tout ce qui s'est déjà dit au sujet de cette femme dans la famille. Mais qu'importe! Il faut prévenir Jean tout de suite. Je vais le chercher et je vous l'amène.
Il se dirige vers la porte du fond.

MARTINEL
Comment voulez-vous que je lui annonce ça?

LÉON
Donnez-lui simplement la lettre.
Il sort.

Scène VII

MARTINEL, seul.

Pauvres enfants! En plein bonheur, en pleine joie! Et l'autre, la pauvre, qui souffre et qui va mourir… Sacrebleu! La vie est par trop injuste quelquefois et par trop féroce!

Scène VIII

MARTINEL, JEAN, LÉON

JEAN, arrivant vivement par le fond
Qu'y a-t-il, mon oncle?

MARTINEL
Tiens, mon pauvre garçon, lis ça et pardonne-moi d'avoir ouvert cette lettre, j'ai cru qu'elle était pour moi.
Il la lui donne, puis le regarde lire; Léon fait de même de l'autre côté.

JEAN, après avoir lu avec une émotion profonde, mais contenue, à lui-même
Il le faut! Je le dois! (A Martinel.) Mon oncle, je vous laisse près de ma femme. Ne dites rien avant mon retour; mais restez ici quoi qu'il arrive. Attendez-moi. (Se tournant vers Léon.) Je te connais assez pour savoir que tu ne me désapprouves pas. Je te confie mon avenir. Adieu! (Il se dirige vers la porte de droite. Après un regard du côté de la porte de gauche qui est celle de la chambre de Gilberte.) C'est toi qui m'as donné l'amour de ta soeur. Tâche encore une fois de me le conserver!
Il sort vivement par la droite.

Scène IX

MARTINEL, LÉON

MARTINEL, assis à droite
Qu'est-ce que nous allons faire maintenant? Qu'est-ce que nous allons dire? Quelles explications allons-nous donner?

LÉON
Laissez-moi annoncer ça; c'est bien juste que ce soit moi, puisque j'ai fait le mariage!

MARTINEL, se levant
N'importe. J'aimerais mieux être plus vieux de vingt-quatre heures. Ah! Non, je n'apprécie pas les drames de l'amour. Et puis cette question d'enfant est épouvantable. Que va-t-il devenir, ce mioche-là? On ne peut pourtant pas le mettre aux Enfants-Trouvés! (Apercevant Gilberte.) Gilberte!

Scène X

LES MÊMES, GILBERTE, arrivant par la gauche. Elle a quitté sa robe de mariée et a revêtu une robe élégante. Elle tient un manteau de soirée qu'elle place, en entrant, sur une chaise.

GILBERTE
Où est donc Jean?

LÉON
Sois sans inquiétude, il va revenir tout à l'heure.

GILBERTE, stupéfaite
Il est sorti?

LÉON
Oui.

GILBERTE
Il est sorti! Lui! Ce soir?

LÉON
Une circonstance, une circonstance grave, l'a forcé à s'absenter une heure!

GILBERTE
Qu'est-ce qui se passe, qu'est-ce que tu me caches? C'est impossible. Il y

a un malheur d'arrivé.

LÉON et MARTINEL
Mais non, mais non!

GILBERTE
Lequel? Dis, parle.

LÉON
Je ne peux rien dire. Attends une heure, c'est à lui seul qu'il appartient de te révéler la cause imprévue et sacrée qui l'a fait sortir en un pareil moment.

GILBERTE
Quels mots tu emploies! La cause imprévue et sacrée? Mais il est orphelin… Il n'a pas d'autres parents que son oncle. Alors, quoi? Qui? Pourquoi? Dieu! Que j'ai peur!

LÉON
Il y a des devoirs de toute sorte. L'amitié, la pitié, la compassion peuvent en imposer. Je ne dois rien dire de plus. Aie une heure de patience…

GILBERTE, à Martinel
Vous, vous, son oncle, parlez, je vous en supplie! Que fait-il? Où est-il allé? Je sens, oh! Je sens un affreux malheur sur moi, sur nous. Parlez, je vous en supplie!

MARTINEL, les larmes aux yeux
Mais je ne peux pas parler non plus, ma chère enfant! Je ne peux pas.

Comme votre frère, j'ai promis de me taire, et j'aurais fait ce que fait Jean. Attendez une heure, rien qu'une heure.

GILBERTE
Vous êtes ému! Il y a une catastrophe!

MARTINEL
Mais non, mais non! Je suis ému de vous voir ainsi bouleversée, car je vous aime aussi de tout mon coeur.
Il l'embrasse.

GILBERTE, à son frère
Tu as parlé d'amitié, de pitié, de compassion? Mais toutes ces raisons-là, on peut les avouer. Tandis qu'ici, en vous regardant tous les deux, je sens une chose inavouable, un mystère qui me fait peur!

LÉON, résolument
Petite soeur, tu as confiance en moi?

GILBERTE
Oui. Tu le sais bien.

LÉON
Absolument?

GILBERTE
Absolument!

LÉON

Je te jure sur mon honneur que j'aurais agi tout à fait comme Jean, et que sa probité' vis-à-vis de toi, sa probité peut-être exagérée depuis qu'il t'aime, est la seule cause qui lui ait laissé ignorer jusqu'à ce moment le secret qu'il vient d'apprendre.

GILBERTE, regardant son frère dans les yeux
Je te crois, merci. Cependant, je tremble encore, et je tremblerai jusqu'à son retour. Puisque tu me jures que mon mari était ignorant de ce qui l'a fait me quitter en ce moment, je serai résignée, aussi forte que je le pourrai, et j'ai confiance en vous deux.
Elle tend la main aux deux hommes.

Scène XI

LES MÊMES, M. DE PETITPRÉ, Mme DE RONCHARD entrant en même temps et vite par le fond.

PETITPRÉ
Qu'est-ce que j'apprends? M. Jean Martinel vient de partir?

MARTINEL
Il va revenir, monsieur.

PELLERIN
Mais comment est-il parti, un soir comme celui-ci, sans un mot d'explication à sa femme? Car tu ne le savais point, n'est-ce pas?

GILBERTE, assise à gauche de la table
Mon père, je ne le savais point.

MADAME DE RONCHARD
Et sans un mot d'explication à la famille? C'est un manque de distinction!

PETITPRÉ, à Martinel
Et quelle est la raison qui l'a fait agir ainsi, monsieur?

MARTINEL
Votre fils la sait comme moi, monsieur; mais nous ne pouvons la révéler

ni l'un ni l'autre. Votre fille, d'ailleurs, consent à l'ignorer jusqu'au retour de son mari.

PETITPRÉ
Ma fille consent… Mais je ne consens pas, moi. Car enfin, vous seul avez été prévenu de ce départ…

MADAME DE RONCHARD, frémissante, à Martinel
C'est à vous qu'on a remis la lettre… C'est vous qui l'avez lue le premier.

MARTINEL
Vous êtes déjà bien renseignée, madame. Il existe une lettre en effet. Mais je ne voulais pas garder la responsabilité de cette affaire, j'ai communiqué la lettre à votre fils, monsieur, en lui demandant son avis avec l'intention de le suivre.

LÉON
Le conseil que j'ai donné est absolument conforme à ce qu'a fait mon beau-frère, de sa propre impulsion d'ailleurs, et je l'en estime davantage.

PETITPRÉ, allant à Léon
C'est moi qui devais être consulté et non toi. Si l'action est au fond excusable, le manque d'égards est absolu, impardonnable.

MADAME DE RONCHARD
Un scandale!

LÉON, à son père.
Oui, il eût mieux valu te consulter, mais l'urgence ne le permettait pas.

Tu aurais discuté, toi; ma tante aurait discuté, nous aurions tous discuté, toute la nuit; et en certains cas il ne faut pas perdre les secondes. Le silence était indispensable, jusqu'au retour de Jean. Il ne vous cachera rien, et tu jugeras, je l'espère, comme j'ai jugé moi-même.

MADAME DE RONCHARD, allant à Martinel
Mais cette lettre? De qui venait-elle, cette lettre?

MARTINEL
Je peux vous le dire, c'est d'un médecin.

MADAME DE RONCHARD
D'un médecin... D'un médecin... Mais alors, il y avait un malade! Et c'est auprès d'un malade qu'il la fait venir... Quel malade? Ah! Je parie que c'est cette femme, son ancienne, qui lui joue ce tour-là aujourd'hui... Malade... Elle aura fait semblant de s'empoisonner pour lui montrer qu'elle l'aime encore, qu'elle l'aime toujours... Ah! La rouée! (A Léon.) Et tu soutiens ces gens-là, toi?

LÉON, qui est remonté, redescendant
Il eût été convenable, ma tante, de ne pas faire tout haut devant Gilberte des suppositions révoltantes de cette nature, alors que vous ne savez rien.

GILBERTE, se levant
Je vous en prie, ne parlons plus de cela. Tout ce que j'entends en ce moment me déchire et me salit. J'attendrai mon mari, je ne veux rien savoir que de sa bouche, car j'ai confiance dans sa parole. S'il est arrivé un malheur, j'aurai du courage... Mais je ne veux plus écouter des choses pa-

reilles!

Elle sort par la gauche, accompagnée par Petitpré. Un silence.

MADAME DE RONCHARD, à Léon
Eh bien! Léon, triomphes-tu toujours? Tu vois, les maris beaux garçons? Tous les mêmes!

Acte Deuxième

La chambre de Musotte. Ameublement coquet, mais sans luxe. Au fond, à gauche, un lit défait. A gauche, au premier plan, derrière un paravent qui la cache entièrement, Musotte étendue sur une chaise longue. Près du lit, un berceau dont la tête est tournée du côté du public. Sur la cheminée et sur le petit meuble à côté, fioles de pharmacie, tasse, réchaud, sucrier. Table à droite, premier plan.

Scène Première

MUSOTTE, endormie, LA BABIN, Mme FLACHE

LA BABIN, à mi-voix
Voilà qu'elle dort!

MADAME FLACHE, de même
Oh! Elle ne dormira pas longtemps, à moins que ce ne soit pour toujours.

LA BABIN
Pas de chance tout de même. Ça nous en donnerait-il du tintouin, c't'affaire-là! Aller perdre la vie pour un enfant.

MADAME FLACHE
Que voulez-vous, madame Babin? Faut bien qu'on meure, puisqu'on naît. La terre deviendrait trop petite.

LA BABIN, s'asseyant à droite de la table
On devrait s'en aller de la même façon, au même âge, tout le monde; comme ça, y aurait point de surprise.

MADAME FLACHE, versant du thé
Vous avez des idées simples, madame Babin. Moi, j'aime mieux ne pas savoir. Je voudrais finir comme on s'endort, une nuit, pendant le sommeil, sans souffrance, par un accident du coeur.

LA BABIN, regardant la malade
Si c'est pas fou de s'avoir voulu lever sur une chaise longue, comme elle a fait! Le médecin l'a bien dit que ça pourrait la faire mourir du coup.

MADAME FLACHE, s'asseyant à gauche de la table
Moi, je comprends ça. Quand on tient à un homme, voyez-vous, on fait toutes les folies. Et puis, quand on est coquette, nourrice, vous ne connaissez pas ça, vous autres de la campagne, on l'est dans l'âme, comme on serait dévote. C'est pour ça qu'elle a voulu faire un brin de toilette. Elle craignait d'être laide, vous comprenez. Il a fallu que je la peigne, que je l'arrange bien, que je lui fasse sa tête, comme on dit.

LA BABIN
Ces Parisiennes! Faut que ça se bichonne jusqu'au fin bout! (Un silence.) Viendra-t-il, son monsieur?

MADAME FLACHE
Je ne crois pas. Les hommes n'aiment pas beaucoup ça, leurs anciennes qui les appellent dans ces moments-là. Et puis, il se marie aujourd'hui, ce

pauvre garçon!

LA BABIN
Ça, c'est une guigne!

MADAME FLACHE
Vous pouvez le dire.

LA BABIN
Pour sûr, il ne viendra pas. Dans ces cas-là, est-ce que vous iriez voir un homme, vous?

MADAME FLACHE
Oh! Si je l'avais bien aimé, oui, j'irais.

LA BABIN
Même si vous en épousiez un autre, ce jour-là?

MADAME FLACHE
Tout de même. Ça me remuerait le coeur, ça me ferait une émotion, une forte. Et j'aime ça, les émotions, moi!

LA BABIN
Oh! Moi, pour sûr, j'irais pas. Non, non, j'irais pas. J'aurais trop peur de me tourner les sangs.

MADAME FLACHE
Le docteur Pellerin prétend que celui-là viendra.

LA BABIN
Vous le connaissez beaucoup, ce médecin-là?

MADAME FLACHE
Le docteur Pellerin?

LA BABIN
Oui. Il a l'air d'un mirliflor.

MADAME FLACHE
Ah! C'en est un, allez… Mais un bon médecin aussi. Et puis drôle, mais drôle, et viveur! En voilà un qui se la coule douce. Il n'est pas pour rien médecin de l'Opéra, allez!

LA BABIN
Ce freluquet de petit poseur?

MADAME FLACHE
Un freluquet! Vous n'en trouverez pas beaucoup, des freluquets comme ça! Et puis, ce qu'il aime les femmes, oh! Oh! Du reste, il y a beaucoup de médecins comme ça! C'est à l'Opéra que je l'ai connu.

LA BABIN
A l'Opéra?

MADAME FLACHE
Pendant huit ans, j'ai été danseuse, moi, telle que vous me voyez, danseuse à l'Opéra.

LA BABIN
Vous, madame Flache?

MADAME FLACHE
Oui. Maman était sage-femme et m'a fait apprendre le métier en même temps que celui de la danse, car elle disait qu'il faut toujours avoir deux cordes à son arc. La danse, voyez-vous, ça mène à tout, pourvu qu'on n'aime pas trop les primeurs, et malheureusement c'est mon cas. J'étais mince comme un fil à vingt ans, et agile! Mais j'ai engraissé, je me suis essoufflée, je suis devenue un peu lourde. Et puis, quand je n'ai plus eu maman, comme je possédais mes diplômes de sage-femme, j'ai pris sa suite et sa clientèle, j'ai ajouté le titre d'accoucheuse de l'Opéra; car c'est moi qui les accouche toutes. On m'aime beaucoup là-bas. Quand j'étais danseuse, je m'appelais Mlle Flacchi Ire.

LA BABIN
Mademoiselle? Vous vous êtes mariée depuis?

MADAME FLACHE
Non. Mais une sage-femme doit toujours se faire appeler madame, c'est plus convenable. Ça donne de la confiance. Et vous, nourrice, d'où êtes-vous? Car enfin, vous ne faites que d'entrer ici et on ne m'a pas fait l'honneur de me consulter pour vous prendre.

LA BABIN
Je suis des environs d'Yvetot.

MADAME FLACHE
Vous nourrissez pour la première fois?

LA BABIN
Pour la troisième. J'ai eu deux filles et un garçon.

MADAME FLACHE
Votre mari est cultivateur? Jardinier?

LA BABIN, simplement
J'suis demoiselle.

MADAME FLACHE, riant
Demoiselle, et vous en avez déjà eu trois? Mes compliments, vous êtes précoce. (Trinquant avec elle.) A la vôtre!

LA BABIN
N'en parlez pas. Y a point de ma volonté. C'est le bon Dieu qui le veut comme ça. On n'y peut rien.

MADAME FLACHE
Simple nature! Et, en revenant chez vous, vous en aurez peut-être un quatrième?

LA BABIN
Ça se peut bien.

MADAME FLACHE
Qu'est-ce qu'il fait, votre amoureux? N'y en a-t-il qu'un, au moins?

LA BABIN, avec une révolte

Il n'y en a jamais eu qu'un, sur ma parole, sur mon salut! Il est garçon limonadier à Yvetot.

MADAME FLACHE
C'est un beau gars?

LA BABIN, orgueilleuse
Je crois bien, que c'est un beau gars. (En confidence.) Si je vous dis ça, c'est que vous êtes sage-femme, et une sage-femme, pour ces affaires-là, c'est comme qui dirait un curé au confessionnal. Mais vous, madame Flache, qui avez été danseuse d'Opéra, vous en avez eu aussi ben sûr, des amoureux, et des chouettes?

MADAME FLACHE, flattée et rêveuse
Mais oui, quelques-uns.

LA BABIN, riant
Et vous n'avez jamais eu... C't'accident-là?
Elle montre le berceau.

MADAME FLACHE
Non.

LA BABIN
D'où vient ça?

MADAME FLACHE, se levant et allant à la cheminée
Probablement parce que je suis sage-femme.

LA BABIN
Moi, j'en ai connu une qui en a eu cinq.

MADAME FLACHE, avec mépris
Elle n'était pas de Paris.

LA BABIN
Ça, c'est vrai. Elle était de Courbevoie.

MUSOTTE, d'une voix faible
Personne n'est là?

MADAME FLACHE
Elle se réveille. Voilà! Voilà!
Elle replie le paravent qui masquait la chaise longue.

MUSOTTE
Il n'est pas encore venu?

MADAME FLACHE
Non.

MUSOTTE
Il arrivera trop tard… Mon Dieu! Mon Dieu!

MADAME FLACHE
Des idées… Il viendra!

MUSOTTE

Et mon petit… Mon enfant?

MADAME FLACHE
Il dort comme un ange!

MUSOTTE, après s'être regardée dans une glace à main
Je ne lui ferai plus peur comme ça! Ah! Mon Dieu! Mon petit! Je veux le voir!

MADAME FLACHE
Mais si je vous le montre, il va se réveiller; et qui sait s'il se rendormira de sitôt?

MUSOTTE
Approchez le berceau. (Geste de refus de Mme Flache.) Si, si! (Mme Flache et la nourrice approchent doucement le berceau.) Plus près, tout près… Que je le voie bien, le chéri! Mon enfant! Mon enfant! Et je vais le quitter, je vais disparaître! Oh! Mon Dieu, que c'est triste!

MADAME FLACHE
Mais ne vous tourmentez pas, vous n'êtes pas si bas que ça. Ah! J'en ai vu revenir de plus loin. Tenez, vous venez de le réveiller. Emportons le berceau, nourrice. (Elles remettent le berceau en place. A la nourrice.) Laissez, laissez, ça me regarde. Vous savez bien qu'il n'y a que moi qui le calme.
S'asseyant auprès du barreau, elle chantonne en berçant l'enfant.
Une poule grise
Entre dans la r'mise
Pour y pondre un bon coco A l'enfant qui fait dodo…

Dodo, dormez poulette!
Dodo, dormez poulet!
LA BABIN, près de la cheminée au fond, buvant de l'eau sucrée et fourrant du sucre dans ses poches, à voix basse
Faut pas oublier la danraie! Et puis j'ons aperçu à la cuisine un reste de gigot à qui je dirions bien deux mots. J'crévions de faim, à c't'heure!

MADAME FLACHE, continuant la chanson plus bas:
Une poule noire
Entre dans l'armoire
Pour y pondre un bon coco A l'enfant qui fait dodo…
Dodo, dormez poulette!
Dodo, dormez poulot!
MUSOTTE, sur sa chaise longue, après avoir gémi
Il s'est endormi?

MADAME FLACHE, allant à elle
Oui, mademoiselle. Comme un petit Jésus. Voulez-vous que je vous dise? Ce jeune homme-là, vous le conduirez à l'autel pour son mariage! C'est un bijou que votre mioche, ma petite; moi, j'en raffole.

MUSOTTE
Vous le trouvez gentil?

MADAME FLACHE
Foi de sage-femme, je n'en ai pas souvent mis au monde d'aussi jolis. C'est un plaisir de se dire qu'on a présenté à la lumière un amour comme ça.

MUSOTTE
Et penser que dans quelques heures peut-être je ne pourrai plus le voir, le regarder, l'aimer!

MADAME FLACHE
Mais non, mais non, vous vous montez la tête sans raison.

MUSOTTE
Ah! Je sais bien. Je vous ai entendue causer avec la nourrice. Je sais bien que ce sera bientôt fini, cette nuit peut-être. Est-ce que le docteur aurait écrit à Jean de venir me voir, ce soir, le soir de son mariage, si je n'étais pas perdue? (Coups de timbre. Elle pousse un cri.) Ah! Le voilà! C'est lui. Allez vite ouvrir, madame Flache. Vite, vite, vite! Ah! Mon Dieu, comme j'ai mal!
Elle regarde la porte du fond par où disparaît la sage-femme. Le docteur Pellerin apparaît élégant, habit noir, cravate blanche.

Scène II

LES MÊMES, LE DOCTEUR

MUSOTTE, avec désespoir
Ah! Ce n'est pas lui!

LE DOCTEUR, allant à Musotte
Il n'est pas encore venu?

MUSOTTE
Il ne viendra pas.

LE DOCTEUR
Il viendra, j'en suis sûr. Je le connais.

MUSOTTE
Non.

LE DOCTEUR
Je vous le jure. (Se tournant vers Mme Flache.) Il n'a pas répondu, n'est-ce pas?

MADAME FLACHE
Non, monsieur le docteur.

LE DOCTEUR

Il viendra. Elle, comment va-t-elle?

MADAME FLACHE
Elle s'est un peu reposée.

MUSOTTE, très agitée
C'est fini, c'est fini… Je sens que je ne me reposerai plus jusqu'à ce qu'il vienne, ou jusqu'à ce que je m'en aille sans l'avoir vu.

LE DOCTEUR
Il viendra. Vous dormirez ensuite jusqu'à demain matin.

MUSOTTE
Vous ne l'auriez pas fait venir ce soir si j'avais pu attendre seulement jusqu'à demain matin! (Coup de timbre, cris de Musotte qui balbutie.) Si ce n'est pas lui, si ce n'est pas lui, je suis perdue. (Mme Flache va ouvrir, Musotte écoute, on entend au-dehors une voix d'homme. Elle murmure, désespérée.) Ce n'est pas lui!

MADAME FLACHE, rentrant, une fiole à la main
C'est la potion du pharmacien.

MUSOTTE, très agitée
Ah! Mon Dieu, que c'est horrible! Il ne vient pas! Qu'est-ce que j'ai fait? Docteur, montrez-moi mon enfant. Je veux le voir encore!

PELLERIN
Mais il dort, ma petite Musotte.

MUSOTTE
Il a le temps de dormir, lui

PELLERIN
Voyons, voyons, calmez-vous!

MUSOTTE
Si Jean ne vient pas, qui s'occupera de mon enfant? Car il est à lui, je vous le jure. Me croyez-vous? Je l'aimais tant!

PELLERIN
Oui, ma petite, je vous crois, mais calmez-vous.

MUSOTTE, avec une agitation croissante
Dites-moi… Quand vous êtes sorti tout à l'heure, où avez-vous été?

PELLERIN
Voir un malade.

MUSOTTE
Ce n'est pas vrai! Vous avez été voir Jean qui n'a pas voulu vous suivre, car il serait ici avec vous.

PELLERIN
Parole d'honneur, non.

MUSOTTE
Si, je le sens, vous l'avez vu, vous n'osez pas me le dire, vous avez peur de me tuer.

PELLERIN
Ah! Voilà la fièvre qui recommence! Ça ne peut pas continuer comme ça. Je ne veux pas que vous déraisonniez quand il entrera. (A Mme Flache.) Nous allons faire une piqûre! Donnez-moi la morphine, madame Flache.
Mme Flache va prendre une seringue à morphine sur la cheminée et la lui donne.

MUSOTTE découvre elle-même son bras, puis murmure
S'il n'y avait pas ça, je ne sais pas comment j'aurais supporté ces derniers jours.
Il la pique.

PELLERIN
Maintenant, vous allez dormir, je vous défends de parler, je ne vous réponds plus et je vous jure qu'avant un quart d'heure Martinel sera ici.
Elle s'étend docilement sur le dos et s'endort.

LA BABIN, remettant lentement le paravent qui cache Musotte
Comme elle s'endort! Une bénédiction, cette drogue-là! J'en voudrais tout de même pas pour moi! Ça me ferait trop peur! C'est des diableries!
Elle va s'asseoir près du berceau et lit un journal.

MADAME FLACHE, à mi-voix, à Pellerin
Ah! La pauvre femme! Quelle misère!

PELLERIN, de même
Oui, c'est une brave fille! Il y a longtemps que je la connais avec Jean

Martinel, qui lui a dû trois années de bonheur. Et puis, c'est une âme droite et simple!

MADAME FLACHE
Viendra-t-il, ce M. Martinel?

PELLERIN
Je le crois; c'est un homme de coeur, mais il n'a pas pu lâcher ainsi dare-dare sa femme et sa belle-famille.

MADAME FLACHE
Le fait est que c'est une fichue coïncidence... Une vraie tuile!

PELLERIN
Comme tu dis!

MADAME FLACHE, changeant de ton
Où avez-vous été tout à l'heure? Ce n'est pas pour une malade que vous avez mis ce soir un habit et une cravate blanche!

PELLERIN
J'ai été voir danser les premiers pas du ballet d'André Montargy.

MADAME FLACHE, intéressée, allant s'asseoir sur le bord de la table
C'est bien, dites?

PELLERIN, s'asseyant à gauche de la table
Très bien dansé!

MADAME FLACHE
La nouvelle direction fait bien les choses.

PELLERIN
Jeanne Mérali et Gabrielle Poivrier deviennent vraiment des sujets.

MADAME FLACHE
Poivrier, la petite Poivrier... Est-ce possible? Quant à Mérali, ça ne m'étonne pas. Elle est franchement laide, mais elle a de la pointe. Et Mauri?

PELLERIN
Oh! Une merveille une vraie merveille, qui danse comme personne... Un oiseau de chair qui a des jambes au lieu d'ailes. C'est la perfection.

MADAME FLACHE
Vous en êtes amoureux?

PELLERIN
Non, j'admire. Tu sais que j'adore la danse, moi.

MADAME FLACHE
Et les danseuses aussi, par moments, voyons... (Baissant les yeux.) T'as oublié?

PELLERIN
On n'oublie jamais les artistes de ta valeur, ma chère.

MADAME FLACHE

Vous moquez pas de moi.

PELLERIN

Je ne me moque pas. Je te rends justice. J'ai même eu pour toi, jadis, quand j'étais tout jeune médecin, un fort béguin de six semaines. Tu ne regrettes pas ce temps-là, le temps de la grande fête?

MADAME FLACHE

Un peu.. Mais faut se faire une raison, quand on n'est plus jeune… D'ailleurs, je n'ai pas à me plaindre. Le métier de sage-femme va bien.

PELLERIN

Tu gagnes de l'argent. On m'a dit que tu donnais des dîners.

MADAME FLACHE

Je te crois. Et une bonne cuisine, va! Faites-moi donc le plaisir de venir dîner un de ces jours, mon petit docteur.

PELLERIN

Mais oui, mon enfant, très volontiers.

MADAME FLACHE

Avec d'autres médecins, ou tout seul?

PELLERIN

Seul, si tu veux bien. J'aime pas le confrère.
Un coup de timbre.

MUSOTTE, s'éveillant

Ah! On a sonné… Allez donc voir.
Mme Flache sort. Silence. On écoute.

UNE VOIX, de l'autre côté de la porte
Mme Henriette Lévêque?

MUSOTTE, poussant un cri aigu
Ah! C'est lui! Le voilà! (Elle fait un effort pour se lever. Jean Martinel paraît.) Jean, Jean! Enfin!
Elle se soulève et tend les bras vers lui.

Scène III

LES MÊMES, JEAN MARTINEL

JEAN s'élance et s'agenouille auprès de la chaise longue. Il lui embrase les mains
Ma pauvre petite Musotte!
(Il se met à pleurer et s'essuie les yeux, mais ils restent immobiles. Jean enfin se relève et tend la main à Pellerin.)

PELLERIN
J'ai bien fait?

JEAN
Vous avez bien fait, merci!

PELLERIN, présentant
Mme Flache, la sage-femme… La nourrice… (Montrant le berceau d'un geste grave.) Et voilà…

JEAN s'approche du berceau, lève le petit rideau, se penche et embrasse l'enfant dans sa niche de dentelles; puis se relevant
Il semble bien portant.

PELLERIN
Très bel enfant!

MADAME FLACHE
Superbe! C'est un de mes bijoux du mois.

JEAN, à voix basse
Et elle, comment va-t-elle?

MUSOTTE
qui a entendu
Moi, je suis perdue. Je le sais bien, c'est fini. (A Jean.) Prends la petite chaise, assieds-toi là tout près de moi et nous allons causer tant que je pourrai encore parler. J'ai tant de choses à te dire! Car nous ne nous reverrons plus. Toi, tu as le temps d'être heureux… Mais moi… Moi… Oh! Pardonne! Pardonne! Je suis si contente de te voir que rien ne me coûte plus.

JEAN se rapproche d'elle
Ne t'agite pas, ne remue pas.

MUSOTTE
Comment veux-tu que je ne m'agite pas en te revoyant? JEAN approche la petite chaise et s'assied, puis prend la main de Musotte. Ma pauvre Musotte, quel choc j'ai reçu quand j'ai appris tout à l'heure que tu étais si malade!

MUSOTTE
Aujourd'hui surtout, cela a dû te porter un rude coup?

JEAN
Quoi! Tu savais?

MUSOTTE

Oui, depuis que je me sens si mal, je me suis informée de toi tous les jours pour ne pas m'en aller sans t'avoir revu et sans t'avoir parlé, car j'ai à te parler!

Sur un signe de Jean, Mme Flache, Pellerin et la Babin sortent par la droite.

Scène IV

MUSOTTE, JEAN

MUSOTTE
Alors, tu as reçu la lettre?

JEAN
Oui!

MUSOTTE
Et tu es venu, comme ça, tout de suite?

JEAN
Certainement.

MUSOTTE
Merci, ah! Merci! Vois-tu, j'ai bien hésité à te faire prévenir, bien hésité jusqu'à ce matin; mais j'ai entendu la sage-femme causer avec la nourrice, j'ai compris que demain peut-être il serait trop tard et j'ai fait venir le docteur Pellerin pour savoir d'abord, pour t'appeler ensuite.

JEAN
Comment ne m'as-tu pas fait appeler plus tôt?

MUSOTTE
Je ne pensais point que cela deviendrait si grave. Je n'ai pas voulu trou-

bler ta vie.

JEAN, montrant le berceau
Mais cet enfant… Comment ne l'ai-je pas su?

MUSOTTE
Tu ne l'aurais jamais su s'il ne m'avait pas tuée. Je t'aurais épargné cette peine, cette gêne dans ton existence. Tu m'avais donné, en me quittant, ce qu'il fallait pour vivre. C'était fini entre nous. Et puis, m'aurais-tu crue en un autre moment que celui-ci, si je t'avais dit «C'est ton fils!»

JEAN
Oui, je n'ai jamais douté de toi.

MUSOTTE
Tu es bon comme toujours, mon Jean. Non, je ne te mens pas, va! Il est à toi, le petit, je te le jure à mon lit de mort, je te le jure devant Dieu!

JEAN
Je t'ai dit que je te crois, que je t'aurais toujours crue…

MUSOTTE
Écoute. Voilà comment ça s'est passé. Sitôt après que tu m'as quittée, j'ai été malade… Bien malade… J'ai pensé mourir, tant j'ai souffert. On m'a ordonné un changement d'air. Tu te souviens… C'était l'été… Je me suis rendue à Saint-Malo; tu sais, chez cette vieille parente dont je t'ai souvent parlé…

JEAN
Oui... Oui...

MUSOTTE
C'est là, après quelque temps, que je me suis aperçue... Un enfant de toi! Mon premier mouvement a été de tout t'apprendre. Tu es un honnête homme... Tu aurais reconnu l'enfant... Peut-être même aurais-tu renoncé à ton mariage... Ça, je ne l'ai pas voulu! C'était fini, n'est-ce pas? Ça devait rester fini... Je savais bien que je ne pourrais être ta femme. (Riant.) Mme Martinel, moi, Musotte! Vois-tu ça?

JEAN
Ah! Ma pauvre amie! Comme nous sommes brutaux et durs, nous autres hommes, sans le savoir et sans le vouloir.

MUSOTTE
Ne dis pas cela. Je n'étais pas faite pour toi. J'étais un petit modèle; toi, tu étais un artiste, et je n'ai jamais cru que tu me garderais. (Jean sanglote.) Non, va! Ne pleure pas! Tu n'as rien à te reprocher; tu as toujours été bon pour moi. C'est Dieu qui est méchant pour moi!

JEAN
Musotte!

MUSOTTE
Mais laisse-moi continuer. Je suis restée à Saint-Malo, le plus longtemps que j'ai pu, en cachant mon état... Puis, je suis revenue à Paris et, quelques mois après, le petit est né. Un enfant! Quand j'ai compris ce qui m'arrivait, j'ai d'abord éprouvé de la peur... Oui, de la peur... Puis,

j'ai pensé qu'il était de ton sang, qu'il avait de ta vie, qu'il me resterait comme de toi! On est bête, quand on n'est pas instruite! On change d'idées comme s'il vous passait du vent dans l'esprit, et j'ai été contente tout à coup, j'ai été contente à la pensée que je l'élèverais, qu'il grandirait... Qu'il m'appellerait maman... (Elle sanglote encore.) Il ne dira jamais maman, il ne m'embrassera jamais avec ses petits bras, puisque je vais le quitter, moi, et m'en aller, je ne sais pas où... Là où tout le monde va! Mon Dieu! Mon Dieu!

JEAN
Calme-toi, ma petite Musotte. Est-ce que tu parlerais comme tu parles, si tu étais aussi malade que tu le crois?

MUSOTTE
Tu ne vois donc pas que la fièvre me brûle, que je perds la tête, que je ne sais plus ce que je dis?

JEAN
Mais non, mais non... Calme-toi.

MUSOTTE
Câline-moi, tu me calmeras.

JEAN lui baise les cheveux, puis reprend
Là... Comme ça... Ne me parle plus pendant quelques moments. Restons ainsi, l'un près de l'autre.

MUSOTTE
Mais il faut que je te parle. J'ai tant de choses à te dire encore. Et je ne

sais plus, ma tête m'échappe... Oh! Mon Dieu! Je ne sais plus! (Elle se soulève, regarde autour d'elle et aperçoit le berceau.) Ah! Oui! Je sais. Je me rappelle... C'est lui, mon enfant. Dis-moi, qu'est-ce que tu feras de lui? Tu sais que je suis orpheline. Il va rester tout seul, tout seul au monde, ce petit. Ecoute, Jean, j'ai toute ma tête revenue. Je comprendrai très bien ce que tu vas me répondre, et le calme de mes derniers moments en dépendra... Je n'ai personne à qui le laisser... Que toi.

JEAN
Je te jure de le prendre, de le recueillir, de l'élever.

MUSOTTE
Comme un père?

JEAN
Comme un père!

MUS0TTE
Tu l'as déjà vu?

JEAN
Oui.

MUSOTTE
Va le regarder encore. (Jean va au berceau.) Il est gentil, hein? Tout le monde est d'accord pour le dire. Regarde-le, ce pauvre petit, qui a seulement quelques jours de vie, qui est à nous, dont tu es le papa, dont je suis la maman, et qui n'aura plus de maman tout à l'heure... (Avec angoisse.) Promets-moi qu'il aura toujours un papa?

JEAN, allant à elle
Je te le promets, ma chérie.

MUSOTTE
Un vrai papa qui l'aimera bien?

JEAN
Je te le promets.

MUSOTTE
Qui sera bon, bon, bon, très bon pour lui?

JEAN
Je te le jure.

MUSOTTE
Et puis, j'ai encore quelque chose… Je n'ose pas.

JEAN
Dis-le.

MUSOTTE
Depuis que je suis revenue à Paris, j'ai cherché à te voir sans être vue de toi, et je t'ai aperçu trois fois. Tu étais avec elle, avec ta fiancée, ta femme… Et un monsieur, son père, je crois. Oh! Comme je l'ai regardée, elle. Je me demandais
«L'aimera-t-elle comme je l'ai aimé? Le rendra-t-elle heureux? Estelle bonne?» Dis-moi, crois-tu qu'elle soit très bonne?

JEAN
Mais oui, je le crois.

MUSOTTE
Tu en es bien certain, n'est-ce pas?

JEAN
Mais oui.

MUSOTTE
Je l'ai cru aussi, rien qu'à la voir passer. Elle est si jolie! J'ai été un peu jalouse. J'ai pleuré en rentrant. Mais comment vas-tu faire, toi, entre elle et ton fils?

JEAN
Je ferai mon devoir.

MUSOTTE
Ton devoir, c'est elle, ou lui?

JEAN
C'est lui.

MUSOTTE
Jean, écoute! Quand je ne serai plus, demande-lui de ma part, à ta femme, de la part d'une morte, de l'adopter, ce petit; de l'aimer, comme j'aurais fait; d'être sa maman, à ma place. Si elle est tendre et bonne, elle consentira. Dis-lui comme tu m'as vue souffrir, que ma dernière prière, ma dernière supplication sur la terre ont été pour elle. Le feras-tu?

JEAN
Je te promets que je le ferai.

MUSOTTE
Oh! Merci, merci! Je n'ai plus peur de rien; mon pauvre petit est sauvé, je suis heureuse, je suis tranquille. Ah! Comme je suis calmée! Tu ne sais pas, je l'ai appelé Jean, comme toi… Ça ne te contrarie pas, dis?

JEAN, pleurant
Mais non!

MUSOTTE
Tu pleures, tu m'aimes encore un peu, merci, Jean… Merci… Ah! Si je ne mourais pas! C'est possible pourtant, je vais mieux depuis que tu es ici, depuis que tu m'as promis tout ce que tu viens de me promettre, depuis que je suis rassurée. Donne-moi ta main. En ce moment je me rappelle toute notre vie, je suis contente, je suis presque gaie, j'ai envie de rire, tiens… J'ai envie de rire, je ne sais pas pourquoi. Elle rit.

JEAN
Calme-toi, ma petite Musotte!

MUSOTTE
Si tu savais comme il me vient des souvenirs! Te rappelles-tu quand j'ai posé pour ta Mendiante, pour ta Marchande de Violettes et pour ta Femme coupable, qui t'a valu une première médaille? Et le déjeuner chez Le doyen le jour du vernissage? Plus de vingt-cinq à une table de dix! En a-t-on dit des folies, surtout le petit… Le petit… Comment s'appelle-t-il

donc? Ce petit si rigolo qui fait toujours des portraits qui ne ressemblent jamais... Ah! Oui, Tavernier... Et quand tu m'as installée chez toi, dans ton cabinet de débarras, où il y avait deux grands mannequins dont j'avais peur la nuit... Et je t'appelais, et tu venais me rassurer... Ah! Que c'était drôle... Tu te rappelles? (Elle rit encore.) Si cette vie-là pouvait recommencer! (Elle pousse un cri.) Ah! J'ai mal... J'ai mal... (A Jean qui veut aller chercher le docteur.) Non! Reste! Reste! (Un silence. Changeant brusquement de visage et de ton.) Vois! Il fait un temps superbe. Si tu veux, nous irons avec l'enfant faire un tour sur un bateau-mouche... Ça m'amuse tant, les bateaux-mouches! C'est si gentil... Ça court sur l'eau, vite, vite, et sans bruit! Maintenant que je suis ta femme, je peux me lever, je suis guérie. Chéri! Je n'aurais jamais cru que tu m'épouserais... Notre petit, regarde-le, comme il est joli, et comme il grandit... Il s'appelle Jean aussi, comme toi... J'ai mes deux petits Jean, à moi, bien à moi! Comme je suis heureuse! Tu ne sais pas? Il a marché aujourd'hui pour la première fois...
Elle rit de nouveau, les bras tendus, montrant l'enfant qu'elle croit apercevoir devant elle.

JEAN, pleurant
Musotte, Musotte, tu me reconnais?

MUSOTTE
Je crois bien que je te reconnais, puisque je suis ta femme! Embrasse-moi, chéri; embrasse-moi, mon amour...

JEAN la prend dans ses bras, sanglotant, répétant
Musotte, Musotte!
A ce moment, Musotte se lève sur son séant, montre du geste à Jean le

berceau vers lequel il se dirige en lui faisant
«Oui! Oui!» de la tête. Quand Jean est arrivé près du berceau, Musotte, qui s'est levée sur les genoux, retombe inanimée sur la chaise longue.

JEAN, effrayé, appelant
Pellerin! Pellerin!

Scène V

LES MÊMES, PELLERIN, Mme FLACHE, LA BABIN arrivant par la droite.

PELLERIN, qui a été vivement à Musotte, se penche et l'ausculte
Le coeur ne bat plus. Un miroir, madame Flache.

JEAN
Ah! J'ai peur!
Mme Flache donne la glace à main à Pellerin qui la fait passer lentement sur la bouche, puis d'une voix basse.

PELLERIN
Elle est morte!

JEAN se jette sur la main de la morte et la baise longuement, puis, la voix grelottante de larmes
Adieu, ma pauvre amie! Dire qu'il y a une minute, elle me parlait... Il y a une minute, elle me regardait, elle me connaissait, elle me voyait; c'est fini!

PELLERIN venant à lui et le prenant par l'épaule
Allez-vous-en! Allez-vous-en! Vous n'avez plus rien à faire ici. Votre devoir est accompli. Allez-vous-en!

JEAN, se levant

Je m'en vais… Adieu, pauvre Musotte!

PELLERIN

Moi, je me charge de tout ici, ce soir… Mais cet enfant, voulez-vous que je m'occupe de lui trouver un asile?

JEAN

Non, non, je le prends. Je l'ai juré à la pauvre morte. Venez me rejoindre tout de suite chez moi avec lui… Puis j'aurai un autre service à vous demander… Mais… Auprès d'elle… Qui est-ce qui va rester auprès d'elle?

MADAME FLACHE

Moi, monsieur. Et soyez tranquille; ça me connait!

JEAN

Merci madame. (Il s'approche du lit, ferme les yeux à Musotte et l'embrasse longuement sur le front.) Adieu… Pour toujours. (Puis il va lentement au berceau, l'entrouvre, embrasse l'enfant et lui dit d'une voix à la fois ferme et pleine de larmes.) A tout à l'heure, mon petit Jean!
Il sort brusquement par le fond.

ACTE TROISIÈME

Même décor qu'au premier acte.

Scène Première

M. DE PETITPRÉ, Mme DE RONCHARD, M. MARTINEL, LÉON DE PETITPRÉ

MADAME DE RONCHARD, debout, se promenant avec agitation
Minuit moins sept! Voilà près de deux heures qu'il est parti!

LÉON, assis à gauche
Mais, ma tante, en comptant une demi-heure de voiture pour aller, une demi-heure pour revenir, il lui reste tout juste une heure pour ce qu'il avait à faire.

MADAME DE RONCHARD
C'est bien long, ce qu'il avait à faire!

LÉON
Oui, ma tante. Et puis, pourquoi s'énerver en comptant les minutes? Votre agitation ne changera rien à l'événement, n'avancera pas le retour de Jean d'une seconde et ne fera pas marcher plus vite les aiguilles de la pendule.

MADAME DE RONCHARD

Comment veux-tu qu'on ne s'énerve pas quand on est remplie de souci, quand le coeur bat et quand on sent que les larmes vous montent aux yeux?

LÉON
Vous voyez bien, ma tante, que vous n'êtes pas si méchante que ça.

MADAME DE RONCHARD
Tu m'agaces.

MARTINEL, assis près de la table
Ne vous tourmentez pas, madame. La situation est délicate, mais elle n'est pas inquiétante, pas menaçante, si nous savons y apporter, au moment voulu, du sang-froid et de la raison.

LÉON
Oui, ma tante. M. Martinel dit vrai.

MADAME DE RONCHARD, passant à droite
Vous êtes à battre, tous les deux. Vous savez tout et vous ne voulez rien dire… Ah! Les hommes sont terribles! Pas moyen de leur faire avouer un secret.

MARTINEL
Jean va venir et il vous apprendra tout. Un peu de patience.

PETITPRÉ
Oui, soyons calmes. Essayons de parler d'autre chose, ou de nous taire, si nous pouvons….

MADAME DE RONCHARD
Se taire? C'est ce qu'il y a de plus difficile…

UN DOMESTIQUE entre par la droite
On demande M. Martinel en bas.

MARTINEL
Vous permettez? (Au domestique.) Bon! J'y vais.
(Il sort à droite.)

Scène II

LES MÊMES, moins MARTINEL, LE DOMESTIQUE

MADAME DE RONCHARD, allant vivement au domestique
Baptiste… Baptiste… Qui est-ce qui demande M. Martinel?

LE DOMESTIQUE
Je ne sais pas, madame; c'est le concierge qui est monté.

MADAME DE RONCHARD
Eh bien! Allez voir sans vous montrer et vous reviendrez nous l'apprendre tout de suite.

PETITPRÉ, qui s'est levé à l'entrée du domestique
Non! Je ne peux pas les espionner. Attendons. Ce ne sera pas long maintenant. (Au domestique.) Allez.
Le domestique sort.

MADAME DE RONCHARD, à Petitpré
Je ne te comprends pas, Adolphe! Tu es d'un calme! On dirait qu'il ne s'agit pas du bonheur de ta fille. Moi, je bous.

PETITPRÉ
Ça ne sert à rien.

MADAME DE RONCHARD

Si on ne faisait que ce qui sert à quelque chose!

PETITPRÉ, s'asseyant près de la table, à droite
Causons, au contraire; causons raisonnablement, maintenant que nous voilà en famille et que M. Martinel est parti.

MADAME DE RONCHARD, s'asseyant à droite
S'il pouvait s'en retourner au Havre!

LÉON, s'asseyant à gauche de la table
Ça ne changerait rien qu'il soit au Havre.

PETITPRÉ
Quant à moi, je pense…

MADAME DE RONCHARD, l'interrompant
Mon opinion, à moi, voulez-vous que je vous la dise? C'est qu'on nous prépare quelque chose; qu'on veut nous mettre dedans, comme on dit.

PETITPRÉ
Mais pourquoi? Dans quel intérêt? M. Jean Martinel est un honnête homme, il aime ma fille. Léon, dont j'apprécie le jugement, bien qu'il soit mon fils…

LÉON
Merci, papa!

PETITPRÉ
… Léon a pour lui autant d'estime que d'amitié. Quant à l'oncle…

MADAME DE RONCHARD
Ne parlons pas d'eux, si tu veux. C'est cette femme qui est en train de nous mettre dedans. Elle a joué quelque comédie et elle a choisi aujourd'hui pour le dénouement. C'est son coup de théâtre, son coup du traître…

LÉON
Comme à l'Ambigu.

MADAME DE RONCHARD
Ne ris pas. Je les connais, ces femmes-là. J'en ai assez souffert.

PETITPRÉ
Eh! Ma pauvre Clarisse, si tu avais su le comprendre, tu l'aurais tenu si bien, ton mari!

MADAME DE RONCHARD, se levant
Qu'est-ce que tu appelles le comprendre? Pardonner, vivre avec ce coureur, rentrant on ne sait d'où? Je préfère encore ma vie brisée et ma solitude… Avec vous!

PETITPRÉ
Tu avais raison sans doute à ton point de vue d'épouse, mais il existe d'autres points de vue peut-être moins égoïstes et certainement supérieurs, comme celui de la famille.

MADAME DE RONCHARD
De la famille? Tu dis que j'ai eu tort au point de vue de la famille, toi, un

magistrat?

PETITPRÉ
Ça m'a rendu très prudent, d'avoir été magistrat, d'avoir vu passer sous mes yeux tant de situations équivoques ou terribles qui, mettant ma conscience à la torture, m'ont donné de cruelles heures d'indécision. L'homme est souvent si peu responsable, les circonstances sont tellement puissantes, l'impénétrable nature est si capricieuse, les instincts sont si mystérieux, qu'il faut être tolérant et même indulgent devant les fautes qui ne ressemblent pas à des crimes et qui ne prouvent rien de scélérat ni de vicieux dans un être.

MADAME DE RONCHARD
Tromper sa femme n'est pas scélérat? Tu dis cela devant ton fils? Voilà un joli enseignement!
Elle passe à gauche.

LÉON
Oh! J'ai mon opinion faite là-dessus, ma tante.

PETITPRÉ, se levant.
Ce fut un crime, ce n'en est presque plus un. Il est considéré aujourd'hui comme si naturel qu'on le punit à peine. On le punit par le divorce, châtiment de délivrance pour beaucoup. La loi préfère désunir à huis clos, timidement, plutôt que de sévir comme autrefois…

MADAME DE RONCHARD
Vos théories d'aujourd'hui sont révoltantes… Et je dis…

LÉON, se levant
Ah! Voilà M. Martinel!

Scène III

LES MÊMES, MARTINEL

MARTINEL, très ému
Je viens remplir une mission très délicate. Jean, qui s'est rendu chez lui avant d'oser se présenter ici, m'a envoyé le docteur Pellerin. Je suis chargé par lui de vous mettre au courant de la situation douloureuse où il se trouve, où nous nous trouvons tous.

MADAME DE RONCHARD
Enfin! Nous allons savoir quelque chose!

MARTINEL
Par une lettre que vous allez lire, nous avons appris ce soir, chez vous, une nouvelle foudroyante. Une femme dont vous connaissez tous l'existence était à l'heure de mourir.

MADAME DE RONCHARD
Oh! Je l'avais bien prédit, qu'il s'agirait d'elle.

LÉON
Laissez-le parler, ma tante.

MADAME DE RONCHARD
Et maintenant qu'elle l'a vu, comment va-t-elle, votre mourante? Mieux, sans doute?

MARTINEL, simplement
Elle est morte, madame, morte devant lui.

MADAME DE RONCHARD
Juste ce soir! C'est impossible!

MARTINEL
Cela est pourtant, madame.

LÉON, à part
Pauvre petite Musotte!

MARTINEL
Il y a un point grave. Elle laisse un enfant, et cet enfant est de Jean.

MADAME DE RONCHARD, stupéfaite
Un enfant!

MARTINEL, à Petitpré
Lisez la lettre du médecin, monsieur.
Il lui remet la lettre, Petitpré la lit.

MADAME DE RONCHARD
Il avait un enfant, et il ne l'a pas dit, il ne l'a pas avoué, il nous l'a caché? Mais c'est infâme!

MARTINEL
Il vient de l'apprendre tout à l'heure.

MADAME DE RONCHARD
Il vient de… C'est trop fort à la fin! Vous vous moquez de nous, monsieur.

LÉON
Mais, ma tante, laissez mon père répondre. Moi, je vais trouver Gilberte. Elle doit mourir d'anxiété. Nous n'avons pas le droit de lui cacher plus longtemps la vérité. Je vais la lui apprendre.

MADAME DE RONCHARD, l'accompagnant
Tu auras beau dire et beau faire, tu n'arrangeras pas les choses.

LÉON, près de sortir à gauche
En tout cas, je ne les embrouillerai pas comme vous le faites!
Il sort.

Scène IV

PETITPRÉ, MARTINEL, Mme DE RONCHARD

PETITPRÉ, qui a fini de lire la lettre. Alors, monsieur, vous affirmez que votre neveu ignorait la situation de cette femme?

MARTINEL
Sur l'honneur!

MADAME DE RONCHARD
C'est inadmissible!

MARTINEL
Je vous répondrai d'un mot. S'il avait connu cette situation, comment aurait-il fait ce qu'il a fait ce soir?

PETITPRÉ
Expliquez-vous plus clairement.

MARTINEL
C'est bien simple! S'il avait connu plus tôt le danger que courait cette femme, aurait-il attendu la dernière heure, choisi ce soir enfin, cette minute suprême, pour aller dire adieu à cette mourante et pour vous révéler l'existence d'un fils illégitime? Mais on les cache quand on veut et comme on veut, ces enfants-là, sacrebleu! Vous le savez aussi bien que moi, monsieur! Pour nous jeter tous ainsi dans cette émotion et compro-

mettre son avenir, il eût fallu que Jean fût un imbécile et ce n'en est pas un. Et s'il l'avait sue plus tôt cette situation, pensez-vous qu'il ne me l'aurait pas confiée, à moi, et que j'aurais été assez bête, moi aussi, pour ne pas éviter ce désastre? Mais c'est clair comme le jour ce que je vous dis là.

MADAME DE RONCHARD, agitée, toujours allant et venant dans la partie gauche de la scène
Clair comme le jour... Clair comme le jour...

MARTINEL
Mais oui. Si nous n'avions pas reçu cette nouvelle comme une balle qui tue toute réflexion, si nous avions eu le temps de raisonner, de nous concerter, nous pouvions vous cacher tout. Et du diable si vous en auriez jamais su quelque chose! Notre tort a été d'être trop sincères et trop loyaux. Je ne le regrette pas d'ailleurs. Il faut toujours agir loyalement dans la vie.

MADAME DE RONCHARD
Permettez, monsieur...

PETITPRÉ
Tais-toi, Clarisse. (A Martinel.) Soit, monsieur. Il ne s'agit pas de votre honneur ni de votre loyauté, absolument incontestables en toute cette affaire. Je veux bien admettre que votre neveu n'ait rien su de la situation. Mais l'enfant? Qu'est-ce qui vous prouve qu'il soit de lui?

MARTINEL
Et à Jean, qu'est-ce qui le lui a prouvé? Il l'a cru cependant, et pourtant,

sac à papier! Ce n'était pas son intérêt de le croire! Ça n'a rien de réjouissant, un mioche qui vous pousse comme ça tout d'un coup sans qu'on s'y attende, et le soir même de votre mariage! Il l'a cru cependant. Et moi, et vous, et nous tous, nous n'accepterions pas ce qu'il a accepté, ce que le père a accepté? Allons donc! (Un temps.) Vous me demandez de vous prouver que cet enfant est le fils de Jean?

MADAME DE RONCHARD et PETITPRÉ
Oui.

MARTINEL
Prouvez-moi donc, vous, qu'il ne l'est pas!

MADAME DE RONCHARD
Vous voulez l'impossible.

MARTINEL
Vous aussi… Le vrai juge là-dedans, voyez-vous, c'est mon neveu. Nous autres, nous n'avons qu'à le suivre.

MADAME DE RONCHARD
Mais, cependant…

PETITPRÉ
Tais-toi, Clarisse! M. Martinel a raison.

MADAME DE RONCHARD
Encore!

MARTINEL

On n'a jamais à moitié raison, madame. (A Petitpré.) J'étais bien sûr que vous me comprendriez, monsieur. Vous êtes un homme de bon sens, vous!

MADAME DE RONCHARD

Et moi, qu'est-ce que je suis donc, alors?

MARTINEL

Vous êtes une femme du monde, madame.

MADAME DE RONCHARD

Et c'est justement comme femme du monde que je proteste, monsieur! Vous aurez beau épiloguer, il n'y a pas moins là un fait c'est que M. Jean Martinel apporte à son épouse, comme cadeau de noces, le jour de son mariage, un bâtard. Eh bien! Je vous le demande, femme du monde ou non, est-ce qu'on peut accepter ces choses-là?

PETITPRÉ

Ma soeur a raison, cette fois, monsieur Martinel.

MADAME DE RONCHARD

Ce n'est pas trop tôt!

PETITPRÉ

Il s'agit d'un fait qui existe, patent, indéniable, et qui crée pour nous une intolérable situation. Nous avons uni notre fille à un homme libre de tout lien, de toute entrave dans la vie. Et il arrive ce que vous savez. Les conséquences doivent en être supportées par lui, et non par nous. Nous sommes lésés et déçus dans notre confiance, et le consentement que nous avons donné à ce mariage, nous l'aurions certainement refusé dans les circonstances actuelles.

MADAME DE RONCHARD
Si nous l'aurions refusé? Ah! Ah! Plutôt deux fois qu'une! D'ailleurs, cet enfant, si on l'acceptait, deviendrait certainement une cause de brouille entre nous tous. Voyez Gilberte mère à son tour. Que de jalousies, de rivalités, de haines peut-être, entre cet intrus et les autres! Une pomme de discorde, que cet enfant-là.

MARTINEL
Mais non, sacrebleu! Il ne sera un fardeau pour personne, ce petit! Grâce à Jean, sa mère lui aura laissé de quoi vivre largement; et plus tard, quand il sera un homme, il travaillera, que diable! Il fera comme j'ai fait, moi, comme font plus des neuf dixièmes du genre humain. Ce sera toujours un oisif de moins et ça n'en vaudra que mieux!

PETITPRÉ
Mais d'ici là, qui s'en chargera?

MARTINEL
Moi, si l'on veut. Je suis garçon, retiré des affaires. Ça m'occupera… ça me distraira… Je suis tout prêt à le prendre avec moi, ce mioche… (Regardant Mme de Ronchard.) A moins que Madame, qui aime tant à sauver les chiens perdus…

MADAME DE RONCHARD
Cet enfant! À moi! Oh! Ce serait un comble!

Elle passe à droite.

MARTINEL
Vrai, madame, si vous y tenez, je vous céderai la place de bien bon coeur.

MADAME DE RONCHARD
Mais, monsieur... Je n'ai pas dit...

MARTINEL
Pas encore, c'est vrai... Mais vous le direz peut-être avant qu'il soit longtemps... Car je commence à vous connaître, allez! Vous êtes une fausse méchante, vous, et pas autre chose! Vous avez été malheureuse dans la vie... Ça vous a aigrie... Comme le lait, qui tourne à la surface... Mais au fond... Beurre première qualité!

MADAME DE RONCHARD, offusquée
Cette comparaison... Du lait... Du beurre... Pouah! C'est écoeurant!

PETITPRÉ
Mais, Clarisse...

MARTINEL
Voilà votre fille.

Scène V

LES MÊMES, plus GILBERTE et LÉON, entrant de gauche.

PETITPRÉ, allant à sa fille
Avant de revoir ton mari… Si tu dois le revoir, il faut que nous ayons décidé ensemble ce que tu vas répondre.

GILBERTE, très émue, s'asseyant à gauche de la table
Je savais bien que c'était un malheur.

MARTINEL, s'asseyant près d'elle
Oui, mon enfant. Mais il y a deux sortes de malheurs, ceux qui viennent de la faute des hommes et ceux qui viennent uniquement du hasard des faits, c'est-à-dire de la fatalité. Dans le premier cas, l'homme est coupable. Dans le second, il est victime. Me comprenez-vous bien?

GILBERTE
Oui, monsieur.

MARTINEL
Un malheur dont quelqu'un est victime peut atteindre cruellement aussi une autre personne. Le coeur de cette seconde blessée tout à fait innocente ne pardonnera-t-il pas à l'auteur involontaire de son mal?

GILBERTE, d'une voix douloureuse
Cela dépend de la souffrance qu'elle a subie.

MARTINEL
Cependant, vous avez su qu'avant de vous aimer, puis de concevoir la pensée et l'espoir de vous épouser, mon neveu avait eu... Une liaison. Vous avez accepté ce fait qui n'a rien d'ailleurs d'exceptionnel.

GILBERTE
Je l'avais accepté.

MARTINEL
Votre frère vient de vous apprendre le reste.

GILBERTE
Oui, monsieur.

MARTINEL
Que dois-je répondre à Jean?

GILBERTE, se relevant et descendant
Je suis trop bouleversée pour vous le dire encore. Cette femme à laquelle je ne pensais point, dont l'existence m'était indifférente, sa mort me fait peur. Il me semble qu'elle vient de se dresser entre Jean et moi, et qu'elle y restera toujours. Tout ce que l'on m'a dit d'elle m'a fait mal étrangement. Vous l'avez aussi connue, cette femme, vous, monsieur?

MARTINEL, levé également
Oui, madame, et je n'en peux dire que du bien. Votre frère et moi nous l'avons toujours considérée comme irréprochable vis-à-vis de Jean. Elle l'aima d'un amour vrai, dévoué, fidèle, absolu. J'en parle en homme qui a

déploré profondément cette liaison, car je me considérais comme un père; mais il faut être juste pour tout le monde.

GILBERTE
Est-ce que Jean l'aima beaucoup aussi?

MARTINEL
Oui, certainement. Mais son amour s'affaiblit. Il y avait entre eux trop de distance morale et sociale. Il lui demeurait cependant attaché par reconnaissance de la profonde tendresse qu'elle lui avait donnée.

GILBERTE, grave
Et Jean vient de la voir mourir?

MARTINEL
Il eut le temps de lui dire adieu.

GILBERTE, à mi-voix
Si je pouvais deviner ce qui s'est passé en lui à ce moment-là! Oh! Cette morte, c'est bien pis pour moi que si elle était vivante!

MADAME DE RONCHARD, assise à droite, se levant et remontant
Je ne te comprends plus, ma chère. Elle est morte, tant mieux pour toi. Dieu t'en délivre!

GILBERTE
Non, ma tante; ce que j'éprouve est si pénible que j'aimerais mieux la savoir loin que de la savoir morte.

PETITPRÉ, descendant
Moi, je l'admets, c'est là un sentiment de jeune femme émue par un affreux événement. Il n'y a qu'une complication grave là-dedans, très grave celle de l'enfant. Quoi qu'on fasse de lui, il ne sera pas moins le fils de mon gendre et un danger pour nous tous.

MADAME DE RONCHARD
Et un ridicule. Voyez-vous un peu ce qu'en dirait le monde?

LÉON
Laissons le monde tranquille, ma tante, et occupons-nous de nous-même! (Allant à sa soeur.) Toi, Gilberte, est-ce que l'idée de l'enfant t'émeut beaucoup?

GILBERTE
Oh! Non, le pauvre petit.

PETITPRÉ
Encore des folies de femmes qui ne comprennent rien de l'existence.

LÉON
Eh! Papa, pourquoi avons-nous tant de morales diverses, suivant que nous sommes spectateurs ou acteurs des événements? Pourquoi tant de différence entre la vie d'imagination et la vie réelle; entre ce qu'on devrait faire, ce qu'on voudrait que les autres fissent, et ce qu'on fait soi-même? Oui! Ce qui nous arrive est très pénible; mais la surprise de cet événement, sa coïncidence avec le jour du mariage, nous le rendent plus pénible encore. Nous grossissons tout de notre émotion, parce que c'est chez nous que ça se passe. Supposez un instant que vous ayez lu ça dans

votre journal...

MADAME DE RONCHARD, assise à gauche de la table, avec indignation
Est-ce que mon journal?

LÉON
... Ou dans un roman! Que d'émotions! Que de larmes, mon Dieu! Comme votre sympathie irait vite à ce pauvre enfant dont la naissance a coûté la vie à sa mère! Comme vous estimeriez Jean, franc, loyal, et bon sans défaillance! Tandis que s'il avait... Lâché la mourante et fait disparaître le petit dans quelque village de banlieue, il n'y aurait pas assez de mépris pour lui... Assez d'insultes... Il deviendrait un être sans coeur et sans entrailles... Et vous, ma tante, pensant aux innombrables toutous qui vous doivent la vie, vous vous écrieriez avec de grands gestes «Quel misérable!»

MARTINEL, assis à gauche
Mais certainement!

MADAME DE RONCHARD
Les chiens valent mieux que les hommes!

LÉON
Les enfants ne sont pas des hommes, ma tante. Ils n'ont pas encore eu le temps de devenir méchants.

PETITPRÉ
Tout cela est très ingénieux, Léon, et tu plaides à ravir.

MADAME DE RONCHARD
Si ça pouvait être comme ça au Palais!

PETITPRÉ
Mais il ne s'agit pas ici de roman, ni de personnages imaginaires. Nous avons marié Gilberte avec un jeune homme dans les conditions normales.

MADAME DE RONCHARD
Sans enthousiasme!

PETITPRÉ
Sans enthousiasme, c'est vrai! Mais enfin, nous l'avons mariée tout de même. Or, le soir de ses noces, il nous apporte en cadeau… Je ne veux pas de ce présent qui braille!

LÉON
Qu'est-ce que ça prouve, sinon que ton gendre est un brave garçon! Ce qu'il vient de faire en risquant son bonheur pour accomplir son devoir ne dit-il pas, mieux que n'importe quoi, combien il est capable de dévouement?

MARTINEL
C'est clair comme le jour!

MADAME DE RONCHARD, à part
Il est fatigant, cet homme du Havre!

PETITPRÉ

Alors, tu admets que Gilberte, le jour de son entrée en ménage, devienne la mère adoptive du bâtard de la maîtresse de son mari?

LÉON

Parfaitement, comme j'admets tout ce qui est noble et désintéressé. Et tu penserais comme moi s'il ne s'agissait pas de ta fille!

PETITPRÉ

Non, c'est là une situation inacceptable!

LÉON

Mais alors, qu'est-ce que tu proposes?

PETITPRÉ

Mais, parbleu, un divorce! Le scandale de ce soir suffit.

MADAME DE RONCHARD, se levant

Gilberte divorcée! Mais tu n'y songes pas! La moitié de nos amis lui fermant leur porte, la plupart de ses relations perdues... Le divorce! Allez! Allez! Malgré vos lois nouvelles, il n'est pas entré dans nos moeurs et n'y entrera pas de sitôt... La religion le défend, le monde ne l'accepte qu'en rechignant, et quand on a contre soi la religion et le monde...

PETITPRÉ

Cependant les statistiques prouvent...

MADAME DE RONCHARD

Ah! Les statistiques! On leur fait dire ce qu'on veut, aux statistiques!

Non! Pas de divorce pour Gilberte! (Mouvement de détente de tous. D'une voix douce.) Une bonne petite séparation tout simplement, c'est admis, au moins, ça... C'est de bon ton... On se sépare... Je me suis séparée, moi... Tous les gens comme il faut se séparent, ça va très bien comme ça, tandis que divorcer...

LÉON, sérieux
Il me semble à moi qu'une seule personne a le droit d'avoir une volonté et nous l'oublions trop! (A sa soeur.) Tu as tout entendu... Tu es maîtresse de ton jugement et de ta décision... De toi, d'un mot, dépendent le pardon ou la rupture... Mon père t'a donné des arguments. Qu'est-ce que ton coeur a répondu? (Gilberte va parler, puis s'arrête et se met à pleurer.) Songe aussi qu'en refusant de pardonner, tu me frappes moi-même et que si je te vois malheureuse de ton obstination à dire non... J'en souffrirai beaucoup. M. Martinel te demandait tout à l'heure une réponse pour Jean. Faisons mieux, je vais le chercher. C'est de ta bouche, c'est plutôt dans tes yeux qu'il apprendra son sort. (L'amenant doucement à l'avant scène.) Petite soeur, petite soeur, ne sois pas trop fière... Ne sois pas vaniteuse. Écoute ce que te dit ton chagrin dans ton âme... Écoute bien... Pour ne pas le confondre avec l'orgueil.

GILBERTE
Mais je n'ai pas d'orgueil. Je ne sais pas ce que je sens. J'ai mal. J'ai de la joie gâtée qui m'empoisonne...

LÉON
Prends garde. Il suffit de si peu en des moments comme celui-ci pour faire des blessures inguérissables!

GILBERTE
Non… Non… Je suis trop émue… Je serais peut-être dure, j'ai peur de lui et de moi… J'ai peur de tout briser ou de tout céder…

LÉON
J'y vais.

GILBERTE, résolue
Non… Je ne veux pas… Je te le défends…

LÉON
Veux-tu que je te dise, ma petite Gilberte? Tu es moins chic que je ne l'aurais cru!

GILBERTE
Pourquoi?

LÉON
Parce qu'en des moments comme celui-ci, il faut savoir répondre oui ou non tout de suite.
Jean paraît à droite.

Scène VI

LES MÊMES, plus JEAN MARTINEL, debout sur le seuil de la porte.

GILBERTE, avec un cri étouffé
C'est lui!

LÉON, allant à lui et lui serrant les mains
Toi?

JEAN
J'étais comme le prévenu qui attend l'arrêt des juges l'acquittement ou la mort. Ces moments que je viens de passer, je ne les oublierai jamais!

LÉON
Ton oncle et moi nous avons dit tout ce que nous avions à dire. Parle.

JEAN
Ah! Moi, je ne saurais… C'est à ma femme seule… Devant tous, je n'oserais pas… Je lui demande un instant; après, je pars et je quitte cette maison si son attitude me l'indique. Je ferai ce qu'elle voudra, je deviendrai ce qu'elle ordonnera; mais je veux entendre de sa bouche sa décision sur ma vie. (A Gilberte.) Vous ne pouvez pas me refuser cela, madame. C'est la seule prière que je vous adresserai jamais, je vous le jure, si ma supplication vers vous demeure inexaucée.
Ils sont debout face à face et se regardent.

GILBERTE
Non, je ne peux pas refuser, en effet. Mon père, ma tante, voulez-vous me laisser seule quelques minutes avec... M. Martinel? Vous voyez que je suis très calme...

PETITPRÉ
Cependant...

JEAN, vivement, à M. De Petitpré
Monsieur, je ne contredirai en rien votre volonté. Je ne ferai rien sans votre approbation. Je ne suis pas revenu ici pour braver votre autorité ni pour parler d'un droit. Je vous demande respectueusement la permission de rester seul quelques minutes avec... Ma femme. Pensez que c'est là peut-être notre dernière entrevue et que notre avenir à tous deux en dépend.

MADAME DE RONCHARD
C'est seulement l'avenir de Gilberte qui nous occupe.

JEAN, à Mme de Ronchard
J'en appelle simplement à votre coeur, madame, à votre coeur qui a souffert. N'oubliez pas que votre irritation et votre amertume contre moi viennent du mal qu'un autre vous a fait. Votre vie a été brisée par lui, ne m'en veuillez pas à moi. Vous avez été malheureuse, mariée à peine un an... (Montrant Gilberte.) Voulez-vous qu'elle soit mariée à peine un jour et que plus tard elle parle de sa vie brisée, gardant sans cesse le souvenir du désastre de ce soir? (Sur un mouvement de Mme de Ronchard.) Je vous sais bonne, quoique vous vous défendiez de l'être, et

je vous promets, madame, que si je reste le mari de Gilberte, je vous aimerai comme un fils, comme celui que vous étiez digne d'avoir.

MADAME DE RONCHARD, très émue, en elle-même
Un fils! Il m'a tout émue! (A mi-voix à Petitpré.) Allons, Adolphe, laissons-les seuls, puisqu'il le demande.
Elle embrasse Gilberte.

PETITPRÉ, à Jean
Eh bien! Soit, monsieur!
Il remonte et sort par le fond en donnant le bras à sa soeur.

MARTINEL, à Léon
Ils vont se parler avec ça... (Il se frappe le coeur.) C'est la vraie éloquence.
Il sort par le fond avec Léon.

Scène VII

GILBERTE, JEAN

JEAN
Vous savez tout, n'est-ce pas?

GILBERTE
Tout, et j'ai été meurtrie profondément.

JEAN
J'espère que vous n'avez supposé aucun mensonge ni même aucune dissimulation de ma part?

GILBERTE
Oh! Non!

JEAN
M'avez-vous blâmé d'avoir été là-bas ce soir?

GILBERTE
On ne blâme pas quelqu'un qui fait son devoir.

JEAN
Vous n'ignoriez pas cette femme… Et puis, elle est morte.

GILBERTE

C'est parce qu'elle est morte qu'elle me trouble ainsi.

JEAN
Ce n'est pas possible, vous avez une autre raison... (D'une voix hésitante.) L'enfant!

GILBERTE, vivement
Non, non, vous vous trompez. Pauvre petit! Est-ce que c'est sa faute, tout cela? Non. Je souffre de quelque chose qui est uniquement en moi, qui ne vient que de moi et que je ne peux pas vous confesser. C'est une douleur de mon coeur, si vive quand je l'ai sentie naître sous la parole de mon frère et de votre oncle, que, si je devais l'éprouver en vivant près de vous, en femme, je ne m'y résoudrais jamais.

JEAN
Mais quoi donc?

GILBERTE
Je ne peux pas vous le dire.
Elle s'assied à gauche.

JEAN, debout
Écoutez-moi. Il ne faut pas qu'il y ait en ce moment, entre nous, une ombre de malentendu. Toute notre vie en dépend. Vous êtes ma femme, mais je vous considère comme libre absolument après ce qui vient d'arriver. Je ferai ce que vous voudrez, je me prêterai à toutes les combinaisons possibles, même, si vous l'exigez, au divorce. Mais qu'adviendra-t-il de moi ensuite? Je ne sais pas, car je vous aime tellement que la pensée de vous perdre ainsi, après vous avoir conquise, me jetterait sans doute

en quelque résolution désespérée. (Sur un mouvement de Gilberte.) Je ne cherche pas à vous attendrir, à vous émouvoir, je vous dis la vérité toute simple. Je sens, et j'ai senti durant toute cette nuit, à travers les secousses et les émotions affreuses du drame subi et traversé, que vous en étiez pour moi la grande blessure. Si vous me repoussez, je suis un homme perdu.

GILBERTE, émue
M'aimez-vous vraiment tant que cela?

JEAN
D'un amour que je sens inguérissable.

GILBERTE
Mais vous l'avez aimée, elle?

JEAN
J'ai été épris. J'ai éprouvé un tendre attachement pour un être gentil, dévoué... (A mi-voix, avec passion.) Tenez... Ce que je vais vous avouer est indigne, infâme peut-être... Mais je ne suis qu'un être humain, faible comme les autres... Eh bien! Tout à l'heure, auprès de cette pauvre fille, mes yeux pleuraient, les sanglots m'étouffaient! Tout mon être vibrait douloureusement; mais là, dans mon âme, au plus profond de mon âme, je ne pensais qu'à vous!

GILBERTE, se levant vivement
Vrai?

JEAN, simplement

Je ne sais pas mentir.

GILBERTE

Eh bien! Savez-vous ce qui m'a fait tant souffrir tout à l'heure quand mon frère me racontait cette liaison et cette mort? Je peux vous le dire maintenant
j'ai été jalouse. C'est vilain, n'est-ce pas? Jalouse de cette morte! Mais il a si bien parlé d'elle pour m'apitoyer et j'ai senti qu'elle vous aimait tant, que vous me trouveriez peut-être indifférente et froide après elle. Et j'ai souffert de ça, j'ai eu peur de ça, jusqu'à vouloir renoncer à vous.

JEAN
Et maintenant... Gilberte?

GILBERTE lui tend les deux mains
Me voici, Jean.

JEAN
Ah! Merci... Merci! (Lui baisant les mains. Puis, aussitôt après, avec émotion.) Mais voilà qu'une autre angoisse me saisit
j'ai promis à cette pauvre femme de prendre et de garder l'enfant avec moi... (Mouvement de Gilberte.) Ce n'est pas tout... Savez-vous quel fut son dernier voeu, quelle fut sa dernière prière? Elle m'a supplié de vous le recommander...

GILBERTE
A moi?

JEAN

A vous, Gilberte.

GILBERTE, très émue
Elle a fait cela, la pauvre femme? Elle a cru que je le prendrais?

JEAN
Elle l'a espéré, et sa mort en fut adoucie.

GILBERTE, exaltée, passant à droite
Mais oui, je le prends! Où est-il?

JEAN
Chez moi.

GILBERTE
Chez vous? Mais il faut y aller tout de suite.

JEAN
Que je m'en aille, que je vous quitte en cet instant?

GILBERTE
Non… Nous irons tous les deux, puisque je devais m'installer chez vous ce soir…

JEAN, joyeux
Oh! Gilberte! Mais votre père ne vous laissera pas partir!

GILBERTE
Eh bien! Savez-vous ce qu'il faut faire puisque mon déménagement est

accompli et que ma femme de chambre m'attend chez vous? Il faut m'enlever, monsieur.

JEAN
Vous enlever?

GILBERTE
Donnez-moi mon manteau et partons. Tout s'arrangera, tout s'expliquera demain... (Lui montrant le manteau qu'elle a laissé au premier acte sur la chaise près de la porte à gauche.) Mon manteau!

JEAN, prenant vivement le manteau et le lui mettant sur les épaules
Vous êtes la plus adorable des créatures.
Il lui prend le bras et ils se dirigent vers la droite.

Scène VIII

LES MÊMES, Mme DE RONCHARD, PETITPRÉ, MARTINEL, LÉON, arrivant par le fond.

MADAME DE RONCHARD
Eh bien! Qu'est-ce qu'ils font… Vous partez maintenant?

PETITPRÉ
Que signifie?

GILBERTE
Oui, père, je partais… Je m'en allais avec mon mari, mais je serais venue demain vous demander pardon de cette fuite… Et vous en expliquer toutes les raisons.

PETITPRÉ
Tu t'en allais sans nous dire adieu… Sans nous embrasser?

GILBERTE
Oui, pour éviter d'entendre encore discuter.

LÉON
Elle a raison, qu'ils s'en aillent, qu'ils s'en aillent!

GILBERTE, sautant au cou de Petitpré
A demain, père! A demain, ma tante! Adieu, tout le monde, je n'en peux

plus d'émotion et de fatigue.

MADAME DE RONCHARD, allant à elle et l'embrassant
Oui, va vite, ma chérie! Il y a là-bas un petit enfant qui attend une mère!

LA PAIX DU MENAGE

(1893)

Guy de Maupassant

Personnages

M. DE SALLUS
M. JACQUES DE RANDOL
Mme de SALLUS
A Paris, de nos jours
1890

Acte Premier

Scène Première

Mme De Sallus, dans son salon, lit au coin du feu. Jacques De Randol entre sans bruit, regarde si personne ne le voit et vivement la baise sur les cheveux. Elle a un sursaut, pousse un petit cri et se retourne.

MADAME DE SALLUS
Oh! Que vous êtes imprudent!

JACQUES DE RANDOL
Ne craignez rien, on ne m'a point vu.

MADAME DE SALLUS
Mais les domestiques?

JACQUES DE RANDOL
Dans l'antichambre.

MADAME DE SALLUS
Comment! On ne vous a pas annoncé

JACQUES DE RANDOL
Non… On m'a ouvert la porte, simplement.

MADAME DE SALLUS

Mais à quoi pensent-ils?

JACQUES DE RANDOL
Ils pensent, sans doute, que je ne compte plus.

MADAME DE SALLUS
Je ne leur permettrai pas cela. Je veux qu'on vous annonce. Cela aurait mauvais air.

JACQUES DE RANDOL, riant
Ils vont peut-être se mettre à annoncer votre mari…

MADAME DE SALLUS
Jacques, cette plaisanterie est déplacée.

JACQUES DE RANDOL
Pardon. (Il s'assied.) Attendez-vous quelqu'un?

MADAME DE SALLUS
Oui… Probablement. Vous savez que je reçois toujours quand je suis chez moi.

JACQUES DE RANDOL
Je sais qu'on a le plaisir de vous apercevoir cinq minutes, juste le temps de vous demander des nouvelles de votre santé, et puis paraît un monsieur quelconque, amoureux de vous, bien entendu, et qui attend avec impatience que le premier arrivé s'en aille.

MADAME DE SALLUS, souriant

Que voulez-vous y faire? Du moment que je ne suis pas votre femme, il faut bien qu'il en soit ainsi.

JACQUES DE RANDOL
Ah! Si vous étiez ma femme!

MADAME DE SALLUS
Si j'étais votre femme?

JACQUES DE RANDOL
Je vous emmènerais pendant cinq ou six mois, loin de cette horrible ville, pour vous posséder tout seul.

MADAME DE SALLUS
Vous en auriez vite assez.

JACQUES DE RANDOL
Ah! Mais non.

MADAME DE SALLUS
Ah! Mais oui.

JACQUES DE RANDOL
Savez-vous que c'est très torturant d'aimer une femme comme vous.

MADAME DE SALLUS
Pourquoi?

JACQUES DE RANDOL

Parce qu'on vous aime, comme les affamés regardent les pâtés et les volailles derrière les vitres d'un restaurant.

MADAME DE SALLUS
Oh! Jacques!

JACQUES DE RANDOL
C'est vrai. Une femme du monde appartient au monde, c'est-à-dire à tout le monde, excepté à celui à qui elle se donne. Celui-là peut la voir, toutes portes ouvertes, un quart d'heure tous les trois jours, pas plus souvent, à cause des valets. Par exception, avec mille précautions, avec mille craintes, avec mille ruses, elle le rejoint, une ou deux fois par mois, dans un logis meublé. C'est elle alors qui a juste un quart d'heure à lui accorder, parce qu'elle sort de chez Mme X..., pour aller chez Mme Z..., où elle a dit à son cocher de la prendre. S'il pleut, elle ne viendra pas, car il lui est alors impossible de se débarrasser de ce cocher. Or, ce cocher et le valet de pied, et Mme X..., et Mme Z..., et toutes les autres, tous ceux qui entrent chez elle comme dans un musée, un musée qui ne ferme pas, tous ceux et toutes celles qui mangent sa vie, minute par minute, seconde par seconde, à qui elle se doit comme un employé doit son temps à l'État, parce qu'elle est du monde, tous ces gens sont la vitre transparente et incassable qui vous sépare de ma tendresse.

MADAME DE SALLUS
Vous êtes nerveux, aujourd'hui.

JACQUES DE RANDOL
Non, mais je suis affamé de solitude avec vous. Vous êtes à moi, n'est-ce pas, ou plutôt je suis à vous; eh bien! Est-ce que ça en a l'air, en vérité?

Je passe ma vie à chercher les moyens de vous rencontrer. Oui, notre amour est fait de rencontres, de saluts, de regards, de frôlements, et pas d'autre chose. Nous nous rencontrons, le matin, dans l'avenue, un salut; nous nous rencontrons chez vous on chez une femme quelconque, vingt paroles; nous nous rencontrons au théâtre, dix paroles; nous dînons quelquefois à la même table, trop loin pour nous parler, et alors je n'ose même pas vous regarder, à cause des autres yeux. C'est cela s'aimer! Est-ce que nous nous connaissons seulement?

MADAME DE SALLUS
Alors, vous voudriez peut-être m'enlever?

JACQUES DE RANDOL
C'est impossible, malheureusement.

MADAME DE SALLUS
Alors, quoi?

JACQUES DE RANDOL
Je ne sais pas. Je dis seulement que cette vie est très énervante.

MADAME DE SALLUS
C'est justement parce qu'il y a beaucoup d'obstacles que votre tendresse ne languit point.

JACQUES DE RANDOL
Oh! Madeleine, pouvez-vous dire cela?

MADAME DE SALLUS

Croyez-moi, si votre affection a des chances de durer, c'est surtout parce qu'elle n'est pas libre.

JACQUES DE RANDOL
Vrai, je n'ai jamais vu de femme aussi positive que vous. Alors, vous croyez que si le hasard faisait que je fusse votre mari, je cesserais de vous aimer?

MADAME DE SALLUS
Pas tout de suite, mais bientôt.

JACQUES DE RANDOL
C'est révoltant, ce que vous dites!

MADAME DE SALLUS
Non, c'est juste. Vous savez, quand un confiseur prend à son service une vendeuse gourmande, il lui dit
«Mangez des bonbons tant que vous voudrez, mon enfant.» Elle s'en gorge pendant huit jours, puis elle en est dégoûtée pour le reste de sa vie.

JACQUES DE RANDOL
Ah çà! Voyons, pourquoi m'avez-vous… Distingué?

MADAME DE SALLUS
Je ne sais pas… Pour vous être agréable.

JACQUES DE RANDOL
Je vous en prie. Ne vous moquez pas de moi.

MADAME DE SALLUS
Je me suis dit
«Voici un pauvre garçon qui a l'air très amoureux de moi. Moi, je suis très libre, moralement, ayant tout à fait cessé de plaire à mon mari depuis plus de deux ans. Or, puisque cet homme m'aime, pourquoi pas lui?»

JACQUES DE RANDOL
Vous êtes cruelle.

MADAME DE SALLUS
Au contraire, je ne l'ai pas été. De quoi vous plaignez-vous donc?

JACQUES DE RANDOL
Tenez, vous m'exaspérez avec cette moquerie continuelle. Depuis que je vous aime, vous me torturez ainsi et je ne sais seulement pas si vous avez pour moi la moindre tendresse.

MADAME DE SALLUS
J'ai eu, en tout cas, des bontés.

JACQUES DE RANDOL
Oh! Vous avez joué un jeu bizarre. Dès le premier jour, je vous ai sentie coquette avec moi, coquette obscurément, mystérieusement, coquette comme vous savez l'être, sans le montrer, quand vous voulez plaire, vous autres. Vous m'avez peu à peu conquis avec des regards, des sourires, des poignées de main, sans vous compromettre, sans vous engager, sans vous démasquer. Vous avez été terriblement forte et séduisante. Je

vous ai aimée de toute mon âme, moi, sincèrement et loyalement. Et, aujourd'hui, je ne sais pas quel sentiment vous avez là - au fond du coeur - quelle pensée vous avez là au fond de la tête - je ne sais pas, je ne sais rien. Je vous regarde et je me dis
«Cette femme, qui semble m'avoir choisi, semble aussi oublier toujours qu'elle m'a choisi. M'aime-t-elle? Estelle lasse de moi? A-t-elle fait un essai, pris un amant pour voir, pour savoir, pour goûter, sans avoir faim?»
Il y a des jours où je me demande si, parmi tous ceux qui vous aiment, et qui vous le disent sans cesse, il n'y en a pas un qui commence à vous plaire davantage.

MADAME DE SALLUS
Mon Dieu! Il y a des choses qu'il ne faut jamais approfondir.

JACQUES DE RANDOL
Oh! Que vous êtes dure. Cela signifie que vous ne m'aimez pas.

MADAME DE SALLUS
De quoi vous plaignez-vous? De ce que je ne parle point… Car… Je ne crois pas que vous ayez autre chose à me reprocher.

JACQUES DE RANDOL
Pardonnez-moi. Je suis jaloux.

MADAME DE SALLUS
De qui?

JACQUES DE RANDOL
Je ne sais pas. Je suis jaloux de tout ce que j'ignore en vous.

MADAME DE SALLUS
Oui. Sans m'être reconnaissant du reste.

JACQUES DE RANDOL
Pardon. Je vous aime trop, tout m'inquiète.

MADAME DE SALLUS
Tout?

JACQUES DE RANDOL
Oui, tout.

MADAME DE SALLUS
Êtes-vous jaloux de mon mari?

JACQUES DE RANDOL, stupéfait
Non… Quelle idée!

MADAME DE SALLUS
Eh bien! Vous avez tort.

JACQUES DE RANDOL
Allons, toujours votre moquerie.

MADAME DE SALLUS
Non. Je voulais même vous en parler, très sérieusement, et vous demander conseil.

JACQUES DE RANDOL
Au sujet de votre mari?

MADAME DE SALLUS, sérieuse
Oui. Je ne ris pas, ou plutôt je ne ris plus. (Riant.) Alors, vous n'êtes pas jaloux de mon mari? C'est pourtant le seul homme qui ait des droits sur moi.

JACQUES DE RANDOL
C'est justement parce qu'il a des droits que je ne suis point jaloux. Le coeur des femmes n'admet point qu'on ait des droits.

MADAME DE SALLUS
Mon cher, le droit est une chose positive, un titre de possession qu'on peut négliger - comme mon mari l'a fait depuis deux ans - mais aussi dont on peut toujours user à un moment donné, comme il semble vouloir le faire depuis quelque temps.

JACQUES DE RANDOL
Vous dites que votre mari…

MADAME DE SALLUS
Oui.

JACQUES DE RANDOL
C'est impossible….

MADAME DE SALLUS
Pourquoi impossible?

JACQUES DE RANDOL
Parce que votre mari a… D'autres occupations.

MADAME DE SALLUS
Il aime en changer, paraît-il.

JACQUES DE RANDOL
Voyons, Madeleine, que se passe-t-il?

MADAME DE SALLUS
Tiens! Vous devenez donc jaloux de lui?

JACQUES DE RANDOL
Je vous en supplie, dites-moi si vous vous moquez ou si vous parlez sérieusement.

MADAME DE SALLUS
Je parle sérieusement, très sérieusement.

JACQUES DE RANDOL
Alors que se passe-t-il?

MADAME DE SALLUS
Vous savez ma situation, lais je ne vous ai jamais dit toute mon histoire. Elle est fort simple. La voici en vingt mots. J'ai épousé, à dix-neuf ans, le comte Jean de Sallus, devenu amoureux de moi après m'avoir vue à l'Opéra-Comique. Il connaissait déjà le notaire de papa. Il a été très gentil, pendant les premiers temps; oui, très gentil! Je crois vraiment qu'il

m'aima. Et moi aussi, j'étais très gentille pour lui, très gentille. Certes, il n'a pas pu m'adresser l'ombre d'un reproche.

JACQUES DE RANDOL
L'aimiez-vous?

MADAME DE SALLUS
Mon Dieu! Ne faites donc jamais de ces questions-là!

JACQUES DE RANDOL
Alors, vous l'aimiez?

MADAME DE SALLUS
Oui et non. Si je l'aimais, c'était comme une petite sotte. Mais je ne le lui ai jamais dit, car je ne sais pas manifester.

JACQUES DE RANDOL
Ça, c'est vrai.

MADAME DE SALLUS
Oui, il est possible que je l'aie aimé quelque temps, niaisement, en jeune femme timide, tremblante, gauche, inquiète, toujours effarouchée par cette vilaine chose, l'amour d'un homme, par cette vilaine chose, qui est aussi très douce, quelquefois! Lui, vous le connaissez. C'est un beau, un beau de cercle - les pires des beaux. Ceux-là, au fond, n'ont jamais d'affection durable que pour les filles qui sont les vraies femelles des clubmen. Ils ont des habitudes de caquetages polissons et de caresses dépravées. Il leur faut du nu et de l'obscène - paroles et corps - pour les attirer et les retenir... A moins que... À moins que les hommes, vraiment,

soient incapables d'aimer longtemps la même femme. Enfin, je sentis bientôt que je lui devenais indifférente, qu'il m'embrassait... Avec négligence, qu'il me regardait... Sans attention, qu'il ne se gênait plus devant moi... Pour moi, dans ses manières, dans ses gestes, dans ses discours. Il se jetait au fond des fauteuils avec brusquerie, lisait le journal aussitôt rentré, haussait les épaules et criait
«Je m'en fiche un peu», quand il n'était pas content. Un jour enfin, il bâilla en étirant ses bras. Ce jour-là je compris qu'il ne m'aimait plus; j'eus un gros chagrin, mais je souffris tant que je ne sus pas être coquette comme il le fallait et le reprendre. J'appris bientôt qu'il avait une maîtresse, une femme du monde, d'ailleurs. Alors nous avons vécu comme deux voisins, après une explication orageuse.

JACQUES DE RANDOL
Comment? Une explication?

MADAME DE SALLUS
Oui.

JACQUES DE RANDOL
A propos de... Sa maîtresse.

MADAME DE SALLUS
Oui et non... C'est très difficile à dire... Il se croyait obligé... Pour ne pas éveiller mes soupçons, sans doute... De simuler de temps en temps... Rarement... Une certaine tendresse, très froide d'ailleurs, pour sa femme légitime... Qui avait des droits à cette tendresse... Eh bien! Je lui ai signifié qu'il pourrait s'abstenir à l'avenir de ces manifestations politiques.

JACQUES DE RANDOL
Comment lui avez-vous dit ça?

MADAME DE SALLUS
Je ne me le rappelle pas.

JACQUES DE RANDOL
Ça a dû être très amusant.

MADAME DE SALLUS
Non... Il a d'abord paru très surpris. Puis je lui ai débité une petite phrase apprise par coeur, bien préparée, où je l'invitais à porter ailleurs ses fantaisies intermittentes. Il a compris, m'a saluée très poliment, et il est parti... Pour tout à fait.

JACQUES DE RANDOL
Jamais revenu?

MADAME DE SALLUS
Jamais.

JACQUES DE RANDOL
Il n'a jamais essayé de vous parler de son affection?

MADAME DE SALLUS
Non... Jamais!

JACQUES DE RANDOL

L'avez-vous regretté?

MADAME DE SALLUS
Peu importe. Ce qui importe, par exemple, c'est qu'il a eu d'innombrables maîtresses, qu'il entretenait, qu'il affichait, qu'il promenait. Cela m'a d'abord irritée, désolée, humiliée; puis j'en ai pris mon parti; puis, plus tard, deux ans plus tard... J'ai pris un amant... Vous... Jacques.

JACQUES DE RANDOL, lui baisant la main
Et moi, je vous aime de toute mon âme, Madeleine.

MADAME DE SALLUS
Tout ça n'est pas propre.

JACQUES DE RANDOL
Quoi? Tout ça?

MADAME DE SALLUS
La vie... Mon mari... Ses maîtresses... Moi... Et vous.

JACQUES DE RANDOL
Voilà qui prouve, plus que tout, que vous ne m'aimez pas.

MADAME DE SALLUS
Pourquoi?

JACQUES DE RANDOL
Vous osez dire de l'amour
«Ça n'est pas propre!» Si vous aimiez, ce serait divin! Mais une femme

amoureuse traiterait de criminel et d'ignoble celui qui affirmerait une pareille chose. Pas propre, l'amour!

MADAME DE SALLUS
C'est possible! Tout dépend des yeux
je vois trop.

JACQUES DE RANDOL
Que voyez-vous?

MADAME DE SALLUS
Je vois trop bien, trop loin, trop clair.

JACQUES DE RANDOL
Vous ne m'aimez pas.

MADAME DE SALLUS
Si je ne vous aimais pas… Un peu… Je n'aurais aucune excuse de m'être donnée à vous.

JACQUES DE RANDOL
Un peu… Juste ce qu'il faut pour vous excuser.

MADAME DE SALLUS
Je ne m'excuse pas
je m'accuse.

JACQUES DE RANDOL
Donc, vous m'aimiez… Un peu… Alors… Et vous ne m'aimez plus.

MADAME DE SALLUS
Ne raisonnons pas trop.

JACQUES DE RANDOL
Vous ne faites que cela.

MADAME DE SALLUS
Non; mais je juge les choses accomplies. On n'a jamais d'idées justes et d'opinions saines que sur ce qui est passé.

JACQUES DE RANDOL
Et vous regrettez?

MADAME DE SALLUS
Peut-être.

JACQUES DE RANDOL
Alors, demain?

MADAME DE SALLUS
Je ne sais pas.

JACQUES DE RANDOL
N'est-ce rien de vous être fait un ami qui est à vous corps et âme?

MADAME DE SALLUS
Aujourd'hui.

JACQUES DE RANDOL
Et demain.

MADAME DE SALLUS
Oui, le demain d'après la nuit, mais pas le demain d'après l'année.

JACQUES DE RANDOL
Vous verrez… Alors, votre mari?

MADAME DE SALLUS
Cela vous tracasse?

JACQUES DE RANDOL
Parbleu!

MADAME DE SALLUS
Mon mari redevient amoureux de moi.

JACQUES DE RANDOL
Pas possible!

MADAME DE SALLUS
Encore! Êtes-vous insolent! Pourquoi pas? Mon cher.

JACQUES DE RANDOL
On devient amoureux d'une femme, avant de l'épouser, on ne redevient point amoureux de sa femme.

MADAME DE SALLUS

Peut-être ne l'avait-il pas été jusqu'ici.

JACQUES DE RANDOL
Impossible qu'il vous ait connue sans vous avoir aimée, à sa manière... Courte et cavalière.

MADAME DE SALLUS
Peu importe. Il se met ou se remet à m'aimer.

JACQUES DE RANDOL
Vrai, je ne comprends pas. Racontez-moi.

MADAME DE SALLUS
Mais je n'ai rien à raconter
il me fait des déclarations et m'embrasse, et me menace de... De... Son autorité. Enfin je suis très inquiète, très tourmentée.

JACQUES DE RANDOL
Madeleine... Vous me torturez.

MADAME DE SALLUS
Eh bien! Et moi, croyez-vous que je ne souffre pas? Je ne suis plus une femme fidèle puisque je vous appartiens; mais je suis et je resterai un coeur droit. - Vous ou lui. - Jamais vous et lui. Voilà ce qui est pour moi une infamie, la grosse infamie des femmes coupables; ce partage qui les rend ignobles. On peut tomber, parce que... Parce qu'il y a des fossés le long des routes et qu'il n'est pas toujours facile de suivre le droit chemin; mais, si on tombe, ce n'est pas une raison pour se vautrer dans la boue.

JACQUES DE RANDOL, lui prenant et lui baisant les mains
Je vous adore.

MADAME DE SALLUS, simplement
Moi aussi, je vous aime beaucoup, Jacques, et voilà pourquoi j'ai peur.

JACQUES DE RANDOL
Enfin! Merci… Voyons, dites-moi, depuis combien de temps est-il atteint de… Cette rechute?

MADAME DE SALLUS
Mais, depuis… Quinze jours ou trois semaines.

JACQUES DE RANDOL
Pas davantage?

MADAME DE SALLUS
Pas davantage.

JACQUES DE RANDOL
Eh bien! Votre mari est tout simplement… Veuf.

MADAME DE SALLUS
Vous dites?

JACQUES DE RANDOL
Je dis que votre mari est en disponibilité et qu'il tâche d'occuper avec sa femme ses loisirs passagers.

MADAME DE SALLUS
Moi, je vous dis qu'il est amoureux de moi.

JACQUES DE RANDOL
Oui… Oui… Oui et non… Il est amoureux de vous… Et aussi d'une autre… Voyons… Il est de mauvaise humeur, n'est-ce pas?

MADAME DE SALLUS
Oh! D'une humeur exécrable.

JACQUES DE RANDOL
Voilà donc un homme amoureux de vous et qui manifeste cette reprise de tendresse par un caractère insupportable… Car il est insupportable, n'est-ce pas?

MADAME DE SALLUS
Oh! Oui, insupportable.

JACQUES DE RANDOL
S'il était pressant avec douceur, vous n'en auriez pas peur ainsi. Vous vous diriez
«J'ai le temps», et puis il vous inspirerait un peu de pitié, car on a toujours de l'apitoiement pour l'homme qui vous aime, fût-il votre mari.

MADAME DE SALLUS
C'est vrai.

JACQUES DE RANDOL
Il est nerveux, préoccupé, sombre?

MADAME DE SALLUS
Oui... Oui...

JACQUES DE RANDOL
Et brusque avec vous... Pour ne pas dire brutal? Il réclame un droit et n'adresse pas une prière?

MADAME DE SALLUS
C'est vrai...

JACQUES DE RANDOL
Ma chère, en ce moment, vous êtes un dérivatif.

MADAME DE SALLUS
Mais non... Mais non...

JACQUES DE RANDOL
Ma chère amie, la dernière maîtresse de votre mari était Mme de Bardane qu'il a lâchée, très cavalièrement, voici deux mois, pour faire la cour à la Santelli.

MADAME DE SALLUS
La chanteuse?

JACQUES DE RANDOL
Oui. Une capricieuse, très habile, très rusée, très vénale, ce qui n'est pas rare au théâtre... Dans le monde non plus, d'ailleurs...

MADAME DE SALLUS
C'est pour cela qu'il va sans cesse à l'Opéra!

JACQUES DE RANDOL, riant
N'en doutez pas.

MADAME DE SALLUS, songeant
Non... Non, vous vous trompez.

JACQUES DE RANDOL
La Santelli résiste et l'affole. Alors, ayant le coeur plein de tendresse, sans débouché, il vous en offre une partie.

MADAME DE SALLUS
Mon cher, vous rêvez! S'il était amoureux de la Santelli, il ne me dirait pas qu'il m'aime... S'il était éperdument préoccupé de cette cabotine, il ne me ferait pas la cour, à moi. S'il la convoitait violemment, enfin, il ne me désirerait pas, en même temps.

JACQUES DE RANDOL
Ah! Comme vous connaissez peu certains hommes! Ceux de la race de votre mari, quand une femme a jeté en leur coeur ce poison, l'amour, qui n'est pour eux que du désir brutal, quand cette femme leur échappe, ou leur résiste, ils ressemblent à des chiens devenus enragés. Ils vont devant eux comme des fous, comme des possédés, les bras ouverts, les lèvres tendues. Il faut qu'ils aiment n'importe qui, comme le chien ouvre la gueule et mord n'importe qui, n'importe quoi. La Santelli a déchaîné la bête et vous vous trouvez à portée de sa dent, prenez garde. Ça de l'amour? Non; si vous voulez c'est de la rage.

MADAME DE SALLUS
Vous devenez injuste pour lui. La jalousie vous rend méchant.

JACQUES DE RANDOL
Je ne me trompe pas, soyez-en sûre.

MADAME DE SALLUS
Si, vous vous trompez. Mon mari, jadis, m'a négligée, abandonnée, me trouvant niaise, sans doute. Maintenant, il me trouve mieux et revient à moi. Rien de plus simple. Tant pis pour lui, d'ailleurs, car il ne tenait qu'à lui que je fusse une honnête femme toute ma vie.

JACQUES DE RANDOL
Madeleine!

MADAME DE SALLUS
Eh bien! Quoi?

JACQUES DE RANDOL
Cesse-t-on d'être une honnête femme quand, rejetée par l'homme qui a pris charge de votre existence, de votre bonheur, de votre tendresse et de vos rêves, on ne se résigne pas, étant jeune, belle et pleine d'espoir, à l'éternel isolement, à l'éternel abandon?

MADAME DE SALLUS
Je vous ai déjà dit qu'il y a des choses auxquelles il ne faut point trop penser. Celle-là est du nombre. (On entend deux coups de timbre.) C'est mon mari. Tâchez de lui plaire. Il est fort ombrageux en ce moment.

JACQUES DE RANDOL, se levant
Je préfère m'en aller. Je ne l'aime guère, votre mari, pour beaucoup de raisons. Et puis, il m'est pénible d'être gracieux pour lui, que je méprise un peu, et qui aurait le droit de me mépriser beaucoup, puisque je lui serre la main.

MADAME DE SALLUS
Je vous ai bien dit que tout cela n'est pas très propre.

Scène II

LES MÊMES, M. DE SALLUS

M. De Sallus entre, l'air maussade. Il regarde un instant sa femme et Jacques De Randol qui prend congé d'elle, puis s'avance.

JACQUES DE RANDOL
Bonjour, Sallus.

M. DE SALLUS
Bonjour, Randol. C'est moi qui vous fais fuir?

JACQUES DE RANDOL
Non, c'est l'heure. J'ai rendez-vous au cercle, à minuit, et il est onze heures cinquante. (Ils se serrent la main.) Vous verra-t-on à la première de Mahomet?

M. DE SALLUS
Oui, sans doute.

JACQUES DE RANDOL
On dit que ce sera un grand succès.

M. DE SALLUS
Oui, sans doute.

JACQUES DE RANDOL, lui serrant de nouveau la main
A bientôt.

M. DE SALLUS
A bientôt.

JACQUES DE RANDOL
Adieu, madame.

MADAME DE SALLUS
Adieu, monsieur.

Scène III

M. DE SALLUS, Mme DE SALLUS

M. DE SALLUS, se jetant dans un fauteuil
Il est ici depuis longtemps, M. Jacques De Randol?

MADAME DE SALLUS
Mais non… Depuis une demi-heure, environ.

M. DE SALLUS
Une demi-heure, plus une heure, cela fait une heure et demie. Le temps vous semble court avec lui.

MADAME DE SALLUS
Comment, une heure et demie?

M. DE SALLUS
Oui. Comme j'ai vu devant la porte une voiture, j'ai demandé au valet de pied
«Qui est ici?» il m'a répondu
«M. De Randol.» - «Il y a longtemps qu'il est arrivé?» - «Il était dix heures, monsieur.» En admettant que cet homme se soit trompé d'un quart d'heure à votre avantage, cela fait une heure quarante, au minimum.

MADAME DE SALLUS

Ah çà! Qu'est-ce que vous avez? Je n'ai plus le droit de recevoir qui bon me semble maintenant?

M. DE SALLUS
Oh! Ma chère, je ne vous opprime en rien, en rien, en rien. Je m'étonne seulement que vous puissiez confondre une demi-heure avec une heure et demie.

MADAME DE SALLUS
Est-ce une scène que vous voulez? Si vous me cherchez querelle, dites-le. Je saurai quoi vous répondre. Si vous ôtes simplement de mauvaise humeur, allez vous coucher, et dormez, si vous pouvez.

M. DE SALLUS
Je ne vous cherche pas querelle, et je ne suis pas de mauvaise humeur. Je constate seulement que le temps vous semble très court, quand vous le passez avec M. Jacques De Randol.

MADAME DE SALLUS
Oui, très court, beaucoup plus court qu'avec vous.

M. DE SALLUS
C'est un homme charmant et je comprends qu'il vous plaise. Vous semblez d'ailleurs lui plaire aussi beaucoup, puisqu'il vient presque tous les jours.

MADAME DE SALLUS
Ce genre d'hostilité ne me va pas du tout, mon cher, et je vous prie de vous exprimer et de vous expliquer clairement. Donc, vous me faites

une scène de jalousie?

M. DE SALLUS
Dieu m'en garde! J'ai trop de confiance en vous et trop de respect pour vous, pour vous adresser un reproche quelconque. Et je sais que vous avez assez de tact pour ne jamais donner prise à la calomnie… Ou à la médisance.

MADAME DE SALLUS
Ne jouons pas sur les mots. Vous trouvez que M. De Randol vient trop souvent dans cette maison… Dans votre maison?

M. DE SALLUS
Je ne puis rien trouver mauvais de ce que vous faites.

MADAME DE SALLUS
En effet, vous n'en avez pas le droit. Aussi bien, puisque vous me parlez sur ce ton, réglons cette question une fois pour toutes, car je n'aime pas les sous-entendus.
Vous avez, paraît-il, la mémoire courte. Mais je vais venir à votre aide. Soyez franc. Vous ne pensez plus aujourd'hui, par suite de je ne sais quelles circonstances, comme vous pensiez il y a deux ans. Rappelez-vous bien ce qui s'est passé. Comme vous me négligiez visiblement, je suis devenue inquiète, puis j'ai su, on m'a dit, j'ai vu, que vous aimiez Mme de Servières… Je vous ai confié mon chagrin… Ma douleur… J'ai été jalouse! Qu'avez-vous répondu? Ce que tous les hommes répondent quand ils n'aiment plus une femme qui leur fait des reproches. Vous avez d'abord haussé les épaules, vous avez souri, avec impatience, vous avez murmuré que j'étais folle, puis vous m'avez exposé, avec toute l'adresse

possible, je le reconnais, les grands principes du libre amour adoptés par tout mari qui trompe et qui compte bien cependant n'être pas trompé. Vous m'avez laissé entendre que le mariage n'est pas une chaîne, mais une association d'intérêts, un lien social, plus qu'un lien moral; qu'il ne force pas les époux à n'avoir plus d'amitié ni d'affection, pourvu qu'il n'y ait pas de scandale. Oh! Vous n'avez pas avoué votre maîtresse, mais vous avez plaidé les circonstances atténuantes. Vous vous êtes montré très ironique pour les femmes, ces pauvres sottes, qui ne permettent pas à leurs maris d'être galants, la galanterie étant une des lois de la société élégante à laquelle vous appartenez. Vous avez beaucoup ri de la figure de l'homme qui n'ose pas faire un compliment à une femme, devant la sienne, et beaucoup ri de l'épouse ombrageuse qui suit de l'oeil son mari dans tous les coins, et s'imagine, dés qu'il a disparu dans le salon voisin, qu'il tombe aux genoux d'une rivale. Tout cela était spirituel, drôle et désolant, enveloppé de compliments et pimenté de cruauté, doux et amer à faire sortir du coeur tout amour pour l'homme délicat, faux et bien élevé qui pouvait parler ainsi.

J'ai compris, j'ai pleuré, j'ai souffert. Je vous ai fermé ma porte. Vous n'avez pas réclamé, vous m'avez jugée intelligente plus que vous n'auriez cru et nous avons vécu complètement séparés. Voici deux ans que cela dure, deux longues années qui, certes, ne vous ont pas paru plus de six mois. Nous allons dans le monde ensemble, nous en revenons ensemble, puis nous rentrons chacun chez nous. La situation a été établie ainsi par vous, par votre faute, par suite de votre première infidélité, qui a été suivie de beaucoup d'autres. Je n'ai rien dit, je me suis résignée, je vous ai chassé de mon coeur. Maintenant c'est fini, que demande-vous?

M. DE SALLUS
Ma chère, je ne demande rien. Je ne veux pas répondre au discours

agressif que vous venez de me tenir. Je voulais seulement vous donner un conseil - d'ami - sur un danger possible que pourrait courir votre réputation. Vous êtes belle, très en vue, très enviée. On suppose vite une aventure…

MADAME DE SALLUS
Pardon. Si nous parlons d'aventure, je demande à faire la balance entre nous.

M. DE SALLUS
Voyons, ne plaisantez pas, je vous prie. Je vous parle en ami, en ami sérieux. Quant à tout ce que vous venez de me dire, c'est fortement exagéré.

MADAME DE SALLUS
Pas du tout. Vous avez affiché, étalé toutes vos liaisons, ce qui équivalait à me donner l'autorisation de vous imiter. Eh bien! Mon cher, je cherche…

M. DE SALLUS
Permettez.

MADAME DE SALLUS
Laissez-moi donc parler. Je suis belle, dites-vous, je suis jeune, et condamnée par vous à vivre, à vieillir, en veuve. Mon cher, regardez-moi. (Elle se lève.) Est-il juste que je me résigne au rôle d'Ariane abandonnée pendant que son mari court de femme en femme, et de fille en fille? (S'animant.) Une honnête femme! Je vous entends. Une honnête femme va-t-elle jusqu'au sacrifice de toute une vie, de toute joie, de

toute tendresse, de tout ce pour quoi nous sommes nées, nous autres? Regardez-moi donc. Suis-je faite pour le cloître? Puisque j'ai épousé un homme, c'est que je ne me destinais pas au cloître, n'est-ce pas? Cet homme, qui m'a prise, me rejette et court à d'autres... Lesquelles! Moi je ne suis pas de celles qui partagent. Tant pis pour vous, tant pis pour vous. Je suis libre. Vous n'avez pas le droit de m'adresser un conseil. Je suis libre!

M. DE SALLUS
Ma chère, calmez-vous. Vous vous méprenez complètement. Je ne vous ai jamais soupçonnée. J'ai pour vous une profonde estime et une profonde amitié; une amitié qui grandit chaque jour. Je ne peux pas revenir sur ce passé que vous me reprochez si cruellement. Je suis peut-être un peu trop... Comment dirais-je?

MADAME DE SALLUS
Dites Régence. Je connais ce plaidoyer pour excuser toutes les faiblesses et toutes les fredaines. Ah oui! Le XVIIIe siècle! Le siècle élégant! Que de grâce, quelle délicieuse fantaisie, que de caprices adorables! C'est une rengaine, mon cher.

M. DE SALLUS
Non, vous vous méprenez encore. Je suis, j'étais surtout, trop... Trop Parisien, trop habitué à la vie du soir, en me mariant, habitué aux coulisses, au cercle, à mille choses... On ne peut pas rompre tout de suite... Il faut du temps. Et puis, le mariage nous change trop, trop vite. Il faut s'y accoutumer... Peu à peu... Vous m'avez coupé les vivres quand j'allais m'y faire.

MADAME DE SALLUS
Grand merci. Et vous venez, peut-être, me proposer une nouvelle épreuve?

M. DE SALLUS
Oh! Quand il vous plaira. Vrai, quand on se marie après avoir vécu comme moi, on ne peut s'empêcher de regarder d'abord un peu sa femme comme une nouvelle maîtresse, une maîtresse honnête... Ce n'est que plus tard qu'on comprend bien, qu'on distingue bien, et qu'on se repent.

MADAME DE SALLUS
Eh bien! Mon cher, il est trop tard. Comme je vous l'ai dit, je cherche de mon côté. J'ai mis trois ans à m'y décider. Vous avouerez que c'est long. Il me faut quelqu'un de bien, de mieux que vous... C'est un compliment que je vous fais et vous n'avez pas l'air de le remarquer.

M. DE SALLUS
Madeleine, cette plaisanterie est déplacée.

MADAME DE SALLUS
Mais non, car je suppose que toutes vos maîtresses étaient mieux que moi, puisque vous les avez préférées à moi.

M. DE SALLUS
Voyons, dans quelle disposition d'esprit êtes-vous?

MADAME DE SALLUS
Mais je suis comme toujours. C'est vous qui avez changé, mon cher.

M. DE SALLUS
C'est vrai, j'ai changé.

MADAME DE SALLUS
Ce qui veut dire?

M. DE SALLUS
Que j'étais un imbécile.

MADAME DE SALLUS
Et que?

M. DE SALLUS
Que je reviens à la raison.

MADAME DE SALLUS
Et que?

M. DE SALLUS
Que je suis amoureux de ma femme.

MADAME DE SALLUS
Vous êtes donc à jeun?

M. DE SALLUS
Vous dites?

MADAME DE SALLUS

Je dis que vous êtes à jeun.

M. DE SALLUS
Comment ça?

MADAME DE SALLUS
Quand on est à jeun on a faim, et quand on a faim, on se décide à manger des choses qu'on n'aimerait point à un autre moment. Je suis le plat, négligé aux jours d'abondance, auquel vous revenez aux jours de disette. Merci.

M. DE SALLUS
Je ne vous ai jamais vue ainsi. Vous me faites de la peine autant que vous m'étonnez.

MADAME DE SALLUS
Tant pis pour nous deux. Si je vous étonne, vous me révoltez. Sachez que je ne suis pas faite pour ce rôle d'intermédiaire.

M. DE SALLUS s'approche, lui prend la main et la baise longuement.
Madeleine, je vous jure que je suis devenu amoureux de vous, très fort, pour de vrai, pour tout à fait.

MADAME DE SALLUS
Il se peut que vous en soyez convaincu. Quelle est donc la femme qui ne veut pas de vous, en ce moment?

M. DE SALLUS
Madeleine, je vous jure…

MADAME DE SALLUS
Ne jurez pas. Je suis sûre que vous venez de rompre avec une maîtresse. Il vous en faut une autre, et vous ne trouvez pas. Alors vous vous adressez à moi. Depuis trois ans, vous m'avez oubliée, de sorte que je vous fais l'effet de quelque chose de nouveau. Ce n'est pas à votre femme que vous revenez, mais à une femme avec qui vous avez rompu et que vous désirez reprendre. Ce n'est là, au fond, qu'un jeu de libertin.

M. DE SALLUS
Je ne me demande pas si vous êtes ma femme ou une femme vous êtes celle que j'aime, qui a pris mon coeur. Vous êtes celle dont je rêve, celle dont l'image me suit partout, dont le désir me hante. Il se trouve que vous êtes ma femme, tant mieux ou tant pis! Je ne sais pas, que m'importe?

MADAME DE SALLUS
C'est vraiment un joli rôle que vous m'offrez là. Après Mlle Zozo, Mlle Lili, Mlle Tata, vous offrez sérieusement à Mme de Sallus de prendre la succession vacante et de devenir la maîtresse de son mari pour quelque temps?

M. DE SALLUS
Pour toujours.

MADAME DE SALLUS
Pardon. Pour toujours, je redeviendrais votre femme, et ce n'est pas de cela qu'il s'agit, puisque j'ai cessé de l'être. La distinction est subtile, mais réelle. Et puis l'idée de faire de moi votre maîtresse légitime vous en-

flamme beaucoup plus que l'idée de reprendre votre compagne obligatoire.

M. DE SALLUS, riant
Eh bien! Pourquoi une femme ne deviendrait-elle pas la maîtresse de son mari? J'admets parfaitement votre point de vue. Vous êtes libre, absolument libre, par ma faute. Moi, je suis amoureux de vous et je vous dis
«Madeleine, puisque votre coeur est vide, ayez pitié de moi. Je vous aime.»

MADAME DE SALLUS
Vous me demandez la préférence, à titre d'époux?

M. DE SALLUS
Oui.

MADAME DE SALLUS
Vous reconnaissez que je suis libre?

M. DE SALLUS
Oui.

MADAME DE SALLUS
Vous voulez que je devienne votre maîtresse?

M. DE SALLUS
Oui.

MADAME DE SALLUS
C'est bien entendu? Votre maîtresse?

M. DE SALLUS
Oui.

MADAME DE SALLUS
Eh bien! J'allais prendre un engagement d'un autre côté, mais puisque vous me demandez la préférence, je vous la donnerai, à prix égal.

M. DE SALLUS
Je ne comprends pas.

MADAME DE SALLUS
Je m'explique. Suis-je aussi bien que vos cocottes? Soyez franc.

M. DE SALLUS
Mille fois mieux.

MADAME DE SALLUS
Bien vrai?

M. DE SALLUS
Bien vrai.

MADAME DE SALLUS
Mieux que la mieux?

M. DE SALLUS

Mille fois.

MADAME DE SALLUS
Eh bien! dites-moi combien elle vous a coûté, la mieux, en trois mois?

M. DE SALLUS
Je n'y suis plus.

MADAME DE SALLUS
Je dis
Combien vous a coûté, en trois mois, la plus charmante de vos maîtresses, en argent, bijoux, soupers, dîners, théâtre, etc., etc., entretien complet, enfin?

M. DE SALLUS
Est-ce que je sais, moi?

MADAME DE SALLUS
Vous devez savoir. Voyons, faisons le compte. Donniez-vous une somme ronde, ou payiez-vous les fournisseurs séparément? Oh! Vous n'êtes pas homme à entrer dans le détail, vous donniez la somme ronde.

M. DE SALLUS
Madeleine, vous êtes intolérable.

MADAME DE SALLUS
Suivez-moi bien. Quand vous avez commencé à me négliger, vous avez supprimé trois chevaux dans vos écuries
un des miens et deux des vôtres; plus un cocher et un valet de pied. Il

fallait bien faire des économies intérieures pour payer les nouvelles dépenses extérieures.

M. DE SALLUS
Mais ce n'est pas vrai.

MADAME DE SALLUS
Oui, oui. J'ai les dates; ne niez pas, je vous confondrai. Vous avez cessé également de me donner des bijoux, puisque vous aviez d'autres oreilles, d'autres doigts, d'autres poignets et d'autres poitrines à embellir. Vous avez supprimé un de nos deux jours d'opéra, et j'oublie beaucoup de petites choses moins importantes. Tout cela, à mon compte, doit faire environ cinq mille francs par mois. Est-ce juste?

M. DE SALLUS
Vous êtes folle.

MADAME DE SALLUS
Non, non. Avouez. Celle de vos cocottes qui vous a coûté le plus cher arrivait-elle à cinq mille francs par mois?

M. DE SALLUS
Vous êtes folle.

MADAME DE SALLUS
Vous le prenez ainsi, bonsoir!
Elle va sortir. Il la retient.

M. DE SALLUS

Voyons, cessez ces plaisanteries-là.

MADAME DE SALLUS
Cinq mille francs! dites-moi si elle vous coûtait cinq mille francs?

M. DE SALLUS
Oui, à peu prés.

MADAME DE SALLUS
Eh bien! Mon ami, donnez-moi tout de suite cinq mille franc, et je vous signe un bail d'un mois.

M. DE SALLUS
Mais vous avez perdu la tête!

MADAME DE SALLUS
Bonsoir! Bonne nuit!

M. DE SALLUS
Quelle toquée! Voyons, Madeleine, restez, nous allons causer sérieusement.

MADAME DE SALLUS
De quoi?

M. DE SALLUS
De... De... De mon amour pour vous.

MADAME DE SALLUS

Mais il n'est pas sérieux du tout, votre amour.

M. DE SALLUS
Je vous jure que oui.

MADAME DE SALLUS
Blagueur! Tenez, vous me donnez soif à force de me faire parler.
Elle va au plateau portant la théière et les sirops et se verse un verre d'eau claire. Au moment où elle va boire, son mari s'approche sans bruit et lui baise le cou. Elle se retourne brusquement et lui jette son verre d'eau en pleine figure.

M. DE SALLUS
Ah! C'est stupide!

MADAME DE SALLUS
Ça se peut. Mais ce que vous avez fait, ou tenté de faire, était ridicule.

M. DE SALLUS
Voyons, Madeleine.

MADAME DE SALLUS
Cinq mille francs.

M. DE SALLUS
Mais ce serait idiot.

MADAME DE SALLUS
Pourquoi ça?

M. DE SALLUS
Comment, pourquoi? Un mari, payer sa femme, sa femme légitime! Mais j'ai le droit…

MADAME DE SALLUS
Non. Vous avez la force… Et moi, j'aurai… Ma vengeance.

M. DE SALLUS
Madeleine…

MADAME DE SALLUS
Cinq mille francs.

M. DE SALLUS
Je serais déplorablement ridicule si je donnais de l'argent à ma femme; ridicule et imbécile.

MADAME DE SALLUS
Il est bien plus bête, quand on a une femme, une femme comme moi, d'aller payer des cocottes.

M. DE SALLUS
Je le confesse. Cependant si je vous ai épousée, ce n'est pas pour me ruiner avec vous.

MADAME DE SALLUS
Permettez. Quand vous portez de l'argent, votre argent qui est aussi mon argent par conséquent, chez une drôlesse, vous commettez une ac-

tion plus que douteuse
vous me ruinez, moi, en même temps que vous vous ruinez, puisque vous employez ce mot. J'ai eu la délicatesse de ne pas vous demander plus que la drôlesse en question. Or, les cinq mille francs que vous allez me donner resteront dans votre maison, dans votre ménage. C'est une grosse économie que vous faites. Et puis, je vous connais, jamais vous n'aimerez tout à fait ce qui est droit et légitime; or, en payant cher, très cher, car je vous demanderai peut-être de l'augmentation, ce que vous avez le droit de prendre, vous trouverez notre... Liaison beaucoup plus savoureuse... Maintenant, monsieur, bonsoir, je vais me coucher.

M. DE SALLUS, d'un air insolent
Voulez-vous un chèque ou des billets de banque?

MADAME DE SALLUS, avec hauteur
Je préfère les billets de banque.

M. DE SALLUS, ouvrant son portefeuille
Je n'en ai que trois. Je vais compléter avec un chèque.
Il le signe, puis tend le tout à sa femme.

MADAME DE SALLUS prend, regarde son mari avec dédain, puis d'une voix dure
Vous êtes bien l'homme que je pensais. Après avoir payé des filles vous consentez à me payer comme elles, tout de suite, sans révolte. Vous avez trouvé que c'était cher, vous avez crainte d'être grotesque. Mais vous ne vous êtes pas aperçu que je me vendais, moi, votre femme. Vous me désiriez un peu pour vous changer de vos gueuses, alors je me suis avilie à devenir semblable à elles; vous ne m'avez pas repoussée, mais désirée

davantage, autant qu'elles, même plus puisque j'étais plus méprisable. Vous vous êtes trompé, mon cher, ce n'est pas ainsi que vous auriez pu me conquérir. Adieu!
Elle lui jette son argent au visage et sort.

Acte Deuxième

Scène Première

Mme De Sallus seule dans son salon, comme au premier acte. Elle écrit, puis lève les yeux vers la pendule.

UN DOMESTIQUE, annonçant
Monsieur Jacques de Randol!

JACQUES DE RANDOL, après lui avoir baisé la main
Vous allez bien, madame?

MADAME DE SALLUS
Assez bien, merci.
Le domestique sort.

JACQUES DE RANDOL
Qu'y a-t-il? Votre lettre m'a bouleversé. J'ai cru un accident arrivé et je suis accouru.

MADAME DE SALLUS
Il y a, mon ami, qu'il faut prendre une grande résolution et que l'heure est très grave pour nous.

JACQUES DE RANDOL
Expliquez-vous.

MADAME DE SALLUS
Depuis deux jours, j'ai subi toutes les angoisses que puisse endurer le coeur d'une femme.

JACQUES DE RANDOL
Que s'est-il passé?

MADAME DE SALLUS
Je vais vous le dire, et je vais m'efforcer de le faire avec calme pour que vous ne me croyiez pas folle. Je ne puis plus vivre ainsi… Et je vous ai appelé…

JACQUES DE RANDOL
Vous savez que je suis à vous. Dites ce que je dois faire…

MADAME DE SALLUS
Je ne puis plus vivre pris de lui. C'est impossible. Il me torture.

JACQUES DE RANDOL
Votre mari?

MADAME DE SALLUS
Oui, mon mari.

JACQUES DE RANDOL
Qu'a-t-il fait?

MADAME DE SALLUS

Il faut remonter à votre départ, l'autre jour. Quand nous avons été seuls, il m'a d'abord fait une scène de jalousie à votre sujet.

JACQUES DE RANDOL
A mon sujet?

MADAME DE SALLUS
Oui, une scène prouvant même qu'il nous espionnait un peu.

JACQUES DE RANDOL
Comment?

MADAME DE SALLUS
Il avait interrogé un domestique.

JACQUES DE RANDOL
Rien de plus?

MADAME DE SALLUS
Non. D'ailleurs cela n'a pas d'importance, et il vous aime beaucoup en réalité. Puis, il m'a déclaré son amour. Moi, j'ai peut-être été trop insolente... Trop dédaigneuse, je ne sais pas au juste. Je me trouvais dans une situation si grave, si pénible, si difficile, que j'ai tout osé pour l'éviter.

JACQUES DE RANDOL
Qu'avez-vous fait?

MADAME DE SALLUS

J'ai tâché de le blesser de telle sorte qu'il s'éloignât de moi pour toujours.

JACQUES DE RANDOL
Vous n'avez point réussi, n'est-ce pas?

MADAME DE SALLUS
Non.

JACQUES DE RANDOL
Ça ne réussit jamais, ces moyens-là, au contraire; ça rapproche.

MADAME DE SALLUS
Le lendemain, pendant tout le déjeuner, il avait l'air méchant, excité, sournois. Puis, au moment de se lever de table, il m'a dit «Je n'oublierai point votre procédé d'hier, et je ne vous le laisserai pas oublier non plus. Vous voulez la guerre, ce sera la guerre. Mais je vous préviens que je vous dompterai, car je suis le maître.» Je lui ai répondu «Soit. Mais, si vous me poussez à bout, prenez garde... Il ne faut pas jouer avec les femmes...»

JACQUES DE RANDOL
Il ne faut surtout pas jouer ce jeu-là avec sa femme... Et il a répondu?

MADAME DE SALLUS
Il n'a pas répondu, il m'a brutalisée.

JACQUES DE RANDOL
Comment? Il vous a frappée?

MADAME DE SALLUS

Oui et non. Il m'a brutalisée, étreinte, meurtrie. J'en ai gardé des noirs tout le long des bras. Mais il ne m'a point frappée.

JACQUES DE RANDOL

Alors, qu'a-t-il fait?

MADAME DE SALLUS

Il m'embrassait, en cherchant à maîtriser ma résistance.

JACQUES DE RANDOL

C'est tout?

MADAME DE SALLUS

Comment, c'est tout? Vous trouvez que ce n'est pas assez… Vous?

JACQUES DE RANDOL

Vous ne me comprenez pas
je voulais savoir s'il vous avait battue.

MADAME DE SALLUS

Eh! Non! Ce n'est pas cela que je crains de lui! J'ai pu heureusement atteindre la sonnette.

JACQUES DE RANDOL

Vous avez sonné?

MADAME DE SALLUS

Oui.

JACQUES DE RANDOL
Oh! Par exemple! Et quand le domestique est venu, vous l'avez prié de reconduire votre mari?

MADAME DE SALLUS
Vous trouvez cela plaisant?

JACQUES DE RANDOL
Non, ma chère amie, cela me désole, mais je ne puis m'empêcher de juger la situation originale. Pardonnez-moi… Et après?

MADAME DE SALLUS
J'ai demandé ma voiture. Alors, aussitôt après le départ de Joseph, il m'a dit, avec cet air arrogant que vous lui connaissez
«Aujourd'hui ou demain, peu m'importe!»

JACQUES DE RANDOL
Et?

MADAME DE SALLUS
C'est presque tout.

JACQUES DE RANDOL
Presque?

MADAME DE SALLUS
Oui, car je me barricade chez moi à présent, dès que je l'entends rentrer.

JACQUES DE RANDOL
Vous ne l'avez pas revu?

MADAME DE SALLUS
Oui, plusieurs fois… Mais quelques instants, chaque fois, seulement.

JACQUES DE RANDOL
Que vous a-t-il dit?

MADAME DE SALLUS
Presque rien. Il ricane ou il demande avec insolence
«Êtes-vous moins farouche, aujourd'hui?» Enfin, hier soir, à table, il a apporté un petit livre qu'il s'est mis à lire pendant le dîner. Comme je ne voulais pas paraître gênée ou anxieuse, j'ai dit
«Vous prenez décidément envers moi des habitudes d'exquise courtoisie.» Il sourit. «Lesquelles?» - «Vous choisissez, pour lire, les instants où nous sommes ensemble.» Il répondit
«Mon Dieu, c'est votre faute, puisque vous ne me permettez pas autre chose. Ce petit livre est d'ailleurs fort intéressant
il s'appelle le Code! Voulez-vous me permettre de vous en faire connaître quelques articles qui vous plairont certainement?» Alors il m'a lu la loi, tout ce qui concerne le mariage, les devoirs de la femme et les droits du mari; puis il m'a regardée, bien en face, en demandant
«Avez-vous compris?» J'ai répondu sur le même ton
«Oui, trop
je viens de comprendre enfin quelle espèce d'homme j'ai épousé!» Puis je suis sortie, et je ne l'ai plus revu.

JACQUES DE RANDOL

Vous ne l'avez pas vu aujourd'hui?

MADAME DE SALLUS
Non
il a déjeuné dehors. Alors, moi, j'ai songé, et je suis décidée à ne plus me trouver en face de lui.

JACQUES DE RANDOL
Êtes-vous sûre qu'il n'y ait pas là-dedans beaucoup de colère, de vanité froissée par votre attitude, beaucoup de bravade et de dépit? Peut-être sera-t-il très gentil tout à l'heure. Il a passé sa soirée d'hier à l'Opéra. La Santelli a eu un gros succès dans Mahomet, et je crois qu'elle l'a invité à souper. Or, si le souper a été de son goût, peut-être est-il à présent d'une humeur charmante.

MADAME DE SALLUS
Oh! Que vous êtes irritant! Comprenez donc que je suis au pouvoir de cet homme, que je lui appartiens, plus que son valet et même que son chien, car il a sur moi des droits ignobles. Le Code, votre code de sauvages, me livre à lui sans défense, sans révolte possible
sauf me tuer, il peut tout. Comprenez-vous cela, vous? Comprenez-vous l'horreur de ce droit? Sauf me tuer, il peut tout! Et il a la force, la force et la police pour tout exiger! Et moi, je n'ai pas un moyen d'échapper à cet homme que je méprise et que je hais! Oui, voilà votre loi! Il m'a prise, épousée, puis délaissée. Moi, j'ai le droit moral, le droit absolu de le haïr. Eh bien! Malgré cette haine légitime, malgré le dégoût, l'horreur que doit m'inspirer à présent ce mari qui m'a dédaignée, trompée, qui a couru, sous mes yeux, de fille en fille, il peut à son gré exiger de moi un honteux, un infâme abandon! Je n'ai pas le droit de me cacher, car je n'ai

pas le droit d'avoir une clef qui ferme ma porte. Tout est à lui la clef, la porte et la femme! Mais c'est monstrueux, cela! N'être plus maître de soi, n'avoir plus la liberté sacrée de préserver sa chair de pareilles souillures; ne voilà-t-il pas la plus abominable loi que vous ayez établie, vous autres?

JACQUES DE RANDOL
Oh! Je comprends bien ce que vous devez souffrir, mais je ne vois point de remède. Aucun magistrat ne peut vous protéger; aucun texte ne peut vous garantir.

MADAME DE SALLUS
Je le sais bien. Mais quand on n'a plus ni père ni mère, quand la police est contre vous et quand on n'accepte pas les transactions dégradantes dont s'accommodent la plupart des femmes, il y a toujours un moyen.

JACQUES DE RANDOL
Lequel?

MADAME DE SALLUS
Quitter la maison.

JACQUES DE RANDOL
Vous voulez?

MADAME DE SALLUS
M'enfuir.

JACQUES DE RANDOL

Seule?

MADAME DE SALLUS
Non, avec vous.

JACQUES DE RANDOL
Avec moi! Y songez-vous?

MADAME DE SALLUS
Oui. Tant mieux. Le scandale empêchera qu'il me reprenne. Je suis brave. Il me force au déshonneur, il sera complet, éclatant, tant pis pour lui, tant pis pour moi!

JACQUES DE RANDOL
Oh! Prenez garde, vous êtes dans une de ces minutes d'exaltation où l'on commet d'irréparables folies.

MADAME DE SALLUS
J'aime mieux commettre une folie, et me perdre, puisqu'on appelle cela se perdre, que de m'exposer à cette lutte infâme de chaque jour dont je suis menacée.

JACQUES DE RANDOL
Madeleine, écoutez-moi. Vous êtes dans une situation terrible, ne vous jetez pas dans une situation désespérée. Soyez calme.

MADAME DE SALLUS
Et que me conseillez-vous?

JACQUES DE RANDOL
Je ne sais pas… Nous allons voir. Mais je ne puis vous conseiller un scandale qui vous mettrait hors la loi du monde.

MADAME DE SALLUS
Ah! Oui, cette autre loi qui permet d'avoir des amants avec pudeur, sans blesser les bienséances!

JACQUES DE RANDOL
Il ne s'agit pas de cela, mais de ne point mettre les torts de votre côté, dans votre querelle avec votre mari. Êtes-vous décidée à le quitter?

MADAME DE SALLUS
Oui.

JACQUES DE RANDOL
Bien décidée?

MADAME DE SALLUS
Oui.

JACQUES DE RANDOL
Pour tout à fait?

MADAME DE SALLUS
Pour tout à fait.

JACQUES DE RANDOL
Eh bien! Soyez rusée, adroite. Sauvegardez votre réputation, votre nom,

ne faites ni bruit ni scandale, attendez une occasion…

MADAME DE SALLUS
Et soyez charmante quand il rentrera, prêtez-vous à ses fantaisies…

JACQUES DE RANDOL
Oh! Madeleine. Je vous parle en ami…

MADAME DE SALLUS
En ami prudent…

JACQUES DE RANDOL
En ami qui vous aime trop pour vous conseiller une maladresse.

MADAME DE SALLUS
Et juste assez pour me conseiller une lâcheté.

JACQUES DE RANDOL
Moi, jamais! Mon plus ardent désir est de vivre prés de vous. Obtenez votre divorce, et alors, si vous le voulez bien, je vous épouserai.

MADAME DE SALLUS
Oui, dans deux ans. Vous avez l'amour patient.

JACQUES DE RANDOL
Mais, si je vous enlève, il vous reprendra demain, chez moi, vous fera condamner à la prison, vous! Et rendra impossible que vous deveniez jamais ma femme.

MADAME DE SALLUS
Ne peut-on fuir ailleurs que chez vous? Et se cacher de telle sorte qu'il ne nous retrouve point?

JACQUES DE RANDOL
Oui, on peut se cacher; mais alors il faut vivre caché jusqu'à sa mort, sous un faux nom, à l'étranger, ou au fond d'un village. C'est le bagne de l'amour, cela! Dans trois mois, vous me haïriez. Je ne vous laisserai pas commettre cette folie.

MADAME DE SALLUS
Je croyais que vous m'aimiez assez pour la faire avec moi. Je me suis trompée, adieu!

JACQUES DE RANDOL
Madeleine. Écoutez…

MADAME DE SALLUS
Jacques, il faut me prendre ou me perdre. Répondez.

JACQUES DE RANDOL
Madeleine, je vous en supplie.

MADAME DE SALLUS
Cela suffit… Adieu!
Elle se lève et va vers la porte.

JACQUES DE RANDOL
Je vous en supplie, écoutez-moi.

MADAME DE SALLUS
Non... Non... Non... Adieu!

Il la prend par les bras, elle se débat exaspérée.

MADAME DE SALLUS
Laissez-moi! Laissez-moi! Voulez-vous me laisser partir, ou j'appelle.

JACQUES DE RANDOL
Appelez, mais écoutez-moi. Je ne veux pas que vous puissiez me reprocher un jour l'acte de démence que vous méditez. Je ne veux pas que vous me haïssiez; que, liée à moi par cette fuite, vous portiez en vous le cuisant regret de ce que je vous aurai laissée faire...

MADAME DE SALLUS
Lâchez-moi... Vous me faites pitié... Lâchez-moi!

JACQUES DE RANDOL
Vous le voulez? Eh bien! Partons.

MADAME DE SALLUS
Oh! Non! Plus maintenant. A présent, je vous connais. Il est trop tard. Lâchez-moi donc!

JACQUES DE RANDOL
J'ai fait ce que je devais faire. J'ai dit ce que je devais dire. Je ne suis plus responsable envers vous, vous n'aurez plus le droit de m'adresser de reproches. Partons.

MADAME DE SALLUS
Non. Trop tard. Je n'accepte pas les sacrifices.

JACQUES DE RANDOL
Il ne s'agit pas de sacrifice. Fuir avec vous est mon plus ardent désir.

MADAME DE SALLUS, stupéfaite
Vous êtes fou!

JACQUES DE RANDOL
Pourquoi, fou? N'est-ce pas naturel, puisque je vous aime?

MADAME DE SALLUS
Expliquez-vous.

JACQUES DE RANDOL
Que voulez-vous que j'explique? Je vous aime, je n'ai pas autre chose à dire. Partons.

MADAME DE SALLUS
Vous étiez tout à l'heure trop circonspect pour devenir tout à coup si hardi.

JACQUES DE RANDOL
Vous ne me comprenez pas. Écoutez-moi. Quand j'ai senti que je vous aimais, j'ai pris vis-à-vis de moi et vis-à-vis de vous un engagement sacré. L'homme qui devient l'amant d'une femme comme vous, mariée et délaissée, esclave de fait et moralement libre, crée entre elle et lui un lien

que seule elle peut dénouer. Cette femme risque tout. Et c'est justement parce qu'elle le sait, parce qu'elle donne tout, son coeur, son corps, son âme, son honneur, sa vie, parce qu'elle a prévu toutes les misères, tous les dangers, toutes les catastrophes, parce qu'elle ose un acte hardi, un acte intrépide, parce qu'elle est préparée, décidée à tout braver
son mari qui peut la tuer et le monde qui peut la rejeter, c'est pour cela qu'elle est belle dans son infidélité conjugale; c'est pour cela que son amant, en la prenant, doit avoir aussi tout prévu, et la préférer à tout, quoi qu'il arrive. Je n'ai plus rien à dire. J'ai parlé d'abord en homme sage qui devait vous prévenir, il ne reste plus en moi qu'un homme, celui qui vous aime. Ordonnez.

MADAME DE SALLUS
C'est bien dit. Mais est-ce vrai?

JACQUES DE RANDOL
C'est vrai!

MADAME DE SALLUS
Vous désirez partir avec moi?

JACQUES DE RANDOL
Oui.

MADAME DE SALLUS
Du fond du coeur?

JACQUES DE RANDOL
Du fond du coeur.

MADAME DE SALLUS
Aujourd'hui?

JACQUES DE RANDOL
Quand vous voudrez.

MADAME DE SALLUS
Il est sept heures trois quarts. Mon mari va rentrer. Nous dînons à huit. Je serai libre à neuf heures et demie ou dix heures.

JACQUES DE RANDOL
Où faut-il vous attendre?

MADAME DE SALLUS
Au bout de la rue, dans un coupé. (On entend le timbre.) Le voilà. C'est la dernière fois… Heureusement.

Scène II

LES MÊMES, M. DE SALLUS

M. DE SALLUS, à JACQUES DE RANDOL qui s'est levé pour partir
Eh bien! Quoi? Vous vous en allez encore? Il suffit donc que je me montre pour vous faire fuir?

JACQUES DE RANDOL
Non, mon cher Sallus, vous ne me faites pas fuir, mais je partais.

M. DE SALLUS
C'est justement ce que je dis. Vous partez toujours au moment précis où j'arrive. Je comprends que le mari ait moins de séduction que la femme. Laissez-lui croire, au moins, qu'il ne vous déplaît pas trop.
Il rit.

JACQUES DE RANDOL
Vous me plaisez beaucoup, au contraire, et si vous aviez la bonne habitude d'entrer chez vous sans sonner, vous ne me trouveriez jamais prêt à partir quand vous entrez.

M. DE SALLUS
Pourtant... Il est assez naturel de sonner aux portes.

JACQUES DE RANDOL
Oui, mais un coup de sonnette me fait toujours me lever, et, rentrant

chez vous, vous pourriez vous dispenser de vous annoncer comme les autres.

M. DE SALLUS
Je ne comprends pas très bien.

JACQUES DE RANDOL
C'est fort simple. Quand, je vais chez les gens qui me plaisent comme Mme de Sallus, ou comme vous, je ne tiens nullement à me rencontrer chez eux avec le tout-Paris qui passe ses après-midi à semer des fleurs d'esprit de salon en salon. Je connais ces fleurs et ces semences. Il suffit de l'entrée d'une de ces dames ou d'un de ces hommes pour me gâter tout le plaisir que j'ai eu en trouvant seule la femme que j'étais venu voir. Or, quand je me suis laissé pincer sur mon siège, je suis perdu; je ne sais plus m'en aller, je me laisse prendre dans l'engrenage de la conversation courante; et comme j'en connais toutes les demandes et toutes les réponses, mieux que celles du catéchisme, je ne peux plus m'arrêter il faut que j'aille jusqu'au bout, jusqu'à la dernière considération sur la pièce, ou le livre, ou le divorce, ou le mariage, ou la mort du jour. Vous comprenez alors pourquoi je me lève brusquement à toutes les menaces de la sonnette?

M. DE SALLUS, riant
C'est très vrai, ce que vous dites. Nos maisons sont inhabitables de quatre à sept. Nos femmes n'ont pas le droit de se plaindre si nous les lâchons pour le cercle.

MADAME DE SALLUS
Je ne peux pourtant pas recevoir ces demoiselles du ballet, ou ces dames

du chant et de la comédie, et tous les artistes peintres, poètes, musiciens et autres des Mirlitons, pour vous garder près de moi.

M. DE SALLUS
Je n'en demande pas tant. Quelques hommes d'esprit et quelques jolies femmes et pas de foule.

MADAME DE SALLUS
C'est impossible. On ne peut pas fermer sa porte.

JACQUES DE RANDOL
Non, on ne peut pas, en effet, endiguer cette coulée de niais à travers les salons.

M. DE SALLUS
Pourquoi?

MADAME DE SALLUS
Parce que c'est comme ça, aujourd'hui.

M. DE SALLUS
C'est dommage. J'aimerais beaucoup une intimité restreinte et choisie.

MADAME DE SALLUS
Vous?

M. DE SALLUS
Mais oui! Moi!

MADAME DE SALLUS, riant
Ah! Ah! Ah! La jolie intimité que vous me feriez! Ah! Les charmantes femmes et les hommes comme il faut! C'est moi qui quitterais la maison, alors!

M. DE SALLUS
Ma chère amie, je demanderais seulement trois ou quatre femmes comme vous.

MADAME DE SALLUS
Vous dites?

M. DE SALLUS
Trois ou quatre femmes comme vous.

MADAME DE SALLUS
S'il vous en faut quatre je comprends que vous ayez trouvé la maison déserte.

M. DE SALLUS
Vous saisissez fort bien ce que je veux dire, et je n'ai pas besoin de m'expliquer davantage. Il me suffit que vous soyez seule chez vous pour que je m'y plaise plus que partout ailleurs.

MADAME DE SALLUS
Je ne vous reconnais plus. Mais vous êtes malade, très malade! Peut-être allez-vous mourir!

M. DE SALLUS

Raillez-moi tant que vous voudrez, je ne me ficherai pas.

MADAME DE SALLUS
Et ça va durer?

M. DE SALLUS
Toujours.

MADAME DE SALLUS
Souvent homme varie.

M. DE SALLUS
Mon cher Randol, voulez-vous me faire le plaisir de dîner avec nous? Vous détournerez les épigrammes que ma femme semble avoir aiguisées pour moi.

JACQUES DE RANDOL
Merci mille fois, vous êtes tout à fait gentil, mais je ne suis pas libre.

M. DE SALLUS
Je vous en prie, faites-vous libre.

JACQUES DE RANDOL
Vrai, je ne peux pas.

M. DE SALLUS
Vous dînez en ville?

JACQUES DE RANDOL

Oui… C'est-à-dire, non… J'ai un rendez-vous à neuf heures.

M. DE SALLUS
Très important?

JACQUES DE RANDOL
Très important.

M. DE SALLUS
De femme?

JACQUES DE RANDOL
Mon cher!

M. DE SALLUS
Soyez discret… Mais ça ne vous empêche pas de dîner avec nous.

JACQUES DE RANDOL
Merci, je ne peux pas.

M. DE SALLUS
Vous partirez quand vous voudrez.

JACQUES DE RANDOL
Et mon habit?

M. DE SALLUS
Je l'envoie chercher.

JACQUES DE RANDOL
Non… Vrai… Merci.

M. DE SALLUS, à sa femme
Ma chère, gardez donc Randol.

MADAME DE SALLUS
Mon cher, je vous avoue que je n'y tiens pas beaucoup.

M. DE SALLUS
Vous êtes charmante pour tout le monde, ce soir. Et pourquoi?

MADAME DE SALLUS
Mon Dieu! Je ne tiens pas à garder mes amis pour vous faire plaisir à vous et pour vous retenir chez vous. Amenez les vôtres.

M. DE SALLUS
Je resterai de toute façon, et vous m'aurez alors en tête à tête.

MADAME DE SALLUS
Allons donc?

M. DE SALLUS
Mais oui.

MADAME DE SALLUS
Toute la soirée?

M. DE SALLUS

Toute la soirée.

MADAME DE SALLUS, ironique
Mon Dieu, quelle peur vous me faites! Et en quel honneur?

M. DE SALLUS
Pour avoir le plaisir d'être prés de vous.

MADAME DE SALLUS
Tiens, mais vous êtes en d'excellentes dispositions.

M. DE SALLUS
Alors priez Randol de rester.

MADAME DE SALLUS
M. De Randol fera ce qu'il lui plaira. Il sait bien qu'il m'est toujours agréable de le voir. (Elle se lève et après avoir réfléchi.) Vous dînez avec nous, monsieur de Randol. Vous pourrez partir ensuite.

JACQUES DE RANDOL
Avec plaisir, madame.

MADAME DE SALLUS
Je vous demande une minute. Il est huit heures. On va servir.
Elle sort.

Scène III

M. DE SALLUS, JACQUES DE RANDOL

M. DE SALLUS
Mon cher, vous me rendriez un vrai service en passant la soirée ici.

JACQUES DE RANDOL
Je vous assure que je ne peux pas.

M. DE SALLUS
C'est tout à fait, tout à fait impossible?

JACQUES DE RANDOL
Tout à fait.

M. DE SALLUS
Cela me désole.

JACQUES DE RANDOL
Et pourquoi?

M. DE SALLUS
Oh! Pour des raisons intimes. Parce que… J'ai besoin de faire la paix avec ma femme.

JACQUES DE RANDOL
La paix? Vous êtes donc mal ensemble?

M. DE SALLUS
Pas très bien, comme vous avez pu le voir.

JACQUES DE RANDOL
Par votre faute ou par la sienne?

M. DE SALLUS
Par la mienne.

JACQUES DE RANDOL
Diable!

M. DE SALLUS
Oui, j'avais des ennuis au-dehors, des ennuis sérieux, et cela m'avait mis de mauvaise humeur, de sorte que j'ai été taquin, agressif envers elle.

JACQUES DE RANDOL
Mais je ne vois pas trop en quoi un tiers peut contribuer à une paix de cette nature.

M. DE SALLUS
Vous me donnez le moyen de lui faire comprendre délicatement, en évitant toute explication, heurt ou froissement, que mes intentions sont changées.

JACQUES DE RANDOL

Alors, vous avez des intentions de… De rapprochement?

M. DE SALLUS
Non… Non… Au contraire.

JACQUES DE RANDOL
Pardon… Je ne comprends plus.

M. DE SALLUS
Je désire rétablir et maintenir un statu quo de neutralité pacifique. Une sorte de paix de Platon. (Riant.) Mais j'entre en des détails qui ne vous intéressent pas.

JACQUES DE RANDOL
Pardon encore. Du moment que je joue un rôle en cette affaire, je désire savoir au juste quel est ce rôle.

M. DE SALLUS
Oh! Un rôle de conciliateur.

JACQUES DE RANDOL
Alors vous voulez la paix avec des traités et des libertés pour vous?

M. DE SALLUS
Vous y êtes.

JACQUES DE RANDOL
Ce qui revient à dire qu'après les ennuis dont vous me parliez tout à l'heure, et qui sont finis, vous désirez être tranquille chez vous pour jouir

du bonheur que vous avez conquis au-dehors.

M. DE SALLUS
Enfin, mon cher, la situation est tendue entre ma femme et moi, très tendue, et j'aime mieux ne pas me trouver seul avec elle tout d'abord, parce que ma position serait fausse.

JACQUES DE RANDOL
Mon cher, en ce cas, je reste.

M. DE SALLUS
Toute la soirée?

JACQUES DE RANDOL
Toute la soirée.

M. DE SALLUS
Merci, vous êtes un ami. Je reconnaîtrai cela à l'occasion.

JACQUES DE RANDOL
Oh! Mon cher! (Un silence.) Vous étiez à l'Opéra, hier?

M. DE SALLUS
Bien entendu.

JACQUES DE RANDOL
Ça a très bien marché?

M. DE SALLUS

Admirablement.

JACQUES DE RANDOL
La Santelli a eu un gros succès personnel?

M. DE SALLUS
Pas un succès, un triomphe. On l'a rappelée six fois.

JACQUES DE RANDOL
Elle est vraiment très bonne.

M. DE SALLUS
Admirable! Jamais on n'avait mieux chanté. Au premier acte, elle a son grand récitatif
«Ô prince des croyants, écoute ma prière!» qui a fait se lever tout l'orchestre. Et au troisième, après sa phrase
«Clair paradis de la beauté», je n'avais jamais vu un enthousiasme pareil.

JACQUES DE RANDOL
Elle était contente?

M. DE SALLUS
Ravie, folle.

JACQUES DE RANDOL
Vous la connaissez beaucoup?

M. DE SALLUS
Mais oui, depuis longtemps. J'ai même soupé chez elle avec des amis,

cette nuit, après la représentation.

JACQUES DE RANDOL
Vous étiez nombreux?

M. DE SALLUS
Non, une dizaine. Elle a été délicieuse.

JACQUES DE RANDOL
Elle est agréable dans l'intimité?

M. DE SALLUS
Exquise. Et puis, c'est une femme. Je ne sais pas si vous pensez comme moi, mais je trouve qu'il n'y a presque pas de femmes.

JACQUES DE RANDOL, riant
Mais si, j'en connais.

M. DE SALLUS
Oui, vous connaissez des femmes qui ont l'air femme, mais qui ne le sont pas.

JACQUES DE RANDOL
Définissez.

M. DE SALLUS
Mon Dieu, nos femmes, nos femmes du monde, à de très rares exceptions prés, sont des objets de représentation; jolies, distinguées, elles n'ont de charme que dans leurs salons. Leur vrai rôle consiste à faire ad-

mirer leur grâce extérieure, factice et superficielle.

JACQUES DE RANDOL
On les aime, pourtant.

M. DE SALLUS
Rarement.

JACQUES DE RANDOL
Permettez.

M. DE SALLUS
Oui, les rêveurs; mais les véritables hommes, les passionnés, positifs et tendres, n'aiment pas la femme du monde d'aujourd'hui, qui est incapable d'amour. D'ailleurs, mon cher, regardez autour de vous. Vous connaissez des liaisons, car on sait tout; pouvez-vous citer un seul amour, un amour désordonné, comme il y en avait autrefois, inspiré par une femme de notre entourage? Non, n'est-ce pas? Cela flatte d'en avoir une pour maîtresse, oui; cela flatte, cela amuse, puis cela lasse. Regardez, au contraire, les femmes de théâtre, il n'y en a pas une qui n'ait au moins cinq ou six passions à son actif, des actes de folie, des ruines, des duels, des suicides. On les aime, parce qu'elles savent se faire aimer et qu'elles sont des amoureuses, des femmes. Oui, elles ont gardé la science de conquérir l'homme, la séduction du sourire, une manière d'attirer, de prendre, d'envelopper notre coeur, d'ensorceler le regard, même sans être belles à proprement parler. Une puissance d'envahissement enfin qu'on ne retrouve jamais chez nos femmes.

JACQUES DE RANDOL

Et la Santelli est une séductrice de cette race?

M. DE SALLUS
La première de toutes, peut-être. Ah! La gueuse, elle sait se faire désirer, celle-là!

JACQUES DE RANDOL
Rien que ça?

M. DE SALLUS
Une femme ne se donne jamais la peine de se faire beaucoup désirer quand elle n'a pas d'autre intention.

JACQUES DE RANDOL
Diable! Vous allez me faire croire que vous avez eu deux premières dans la même soirée.

M. DE SALLUS
Mais non, mon cher, ne supposez pas des choses pareilles!

JACQUES DE RANDOL
Mon Dieu, vous aviez l'air si satisfait, si triomphant, si désireux d'avoir le calme chez vous. Si je me suis trompé, je le regrette... Pour vous.

M. DE SALLUS
Admettons que vous vous êtes trompé, et...

Scène IV

LES MÊMES, Mme DE SALLUS

M. DE SALLUS, très gai
Eh bien! Ma chère, il reste... Il reste... Et c'est moi qui ai obtenu ça.

MADAME DE SALLUS
Mes compliments... Et comment avez-vous fait ce miracle.

M. DE SALLUS
Bien facilement, en causant.

MADAME DE SALLUS
Et de quoi avez-vous parlé?

JACQUES DE RANDOL
Du bonheur qu'on éprouve à rester tranquillement chez soi.

MADAME DE SALLUS
Je goûte peu ce bonheur-là, moi, j'adore voyager.

JACQUES DE RANDOL
Mon Dieu! Il y a temps pour tout. Les voyages sont parfois intempestifs.

MADAME DE SALLUS

Et votre rendez-vous, si important, à neuf heures? Vous y avez renoncé, monsieur de Randol?

JACQUES DE RANDOL
Oui, madame.

MADAME DE SALLUS
Vous êtes changeant.

JACQUES DE RANDOL
Mais non! Mais non! Je suis opportuniste.

M. DE SALLUS
Vous permettez que j'écrive un mot.
Il va s'asseoir à son bureau, à l'autre bout du salon.

MADAME DE SALLUS, à JACQUES DE RANDOL
Que s'est il passé?

JACQUES DE RANDOL
Rien, tout va bien.

MADAME DE SALLUS
Quand partons-nous, alors?

JACQUES DE RANDOL
Nous ne partons plus.

MADAME DE SALLUS

Vous êtes fou. Pourquoi?

JACQUES DE RANDOL
Ne me le demandez pas.

MADAME DE SALLUS
Je suis sûre qu'il nous tend un piège.

JACQUES DE RANDOL
Mais non. Il est très tranquille, très content, sans aucun soupçon.

MADAME DE SALLUS
Alors, quoi?

JACQUES DE RANDOL
Soyez calme. Il est heureux.

MADAME DE SALLUS
Ça n'est pas vrai.

JACQUES DE RANDOL
Mais oui. Il a répandu son bonheur dans mon sein.

MADAME DE SALLUS
C'est une feinte, il nous veut espionner.

JACQUES DE RANDOL
Mais non. Il est confiant et pacifique, il n'a peur que de vous.

MADAME DE SALLUS
De moi?

JACQUES DE RANDOL
Mais oui. Comme vous aviez peur de lui tout à l'heure.

MADAME DE SALLUS
Vous perdez la tête. Mon Dieu! Que vous êtes léger!

JACQUES DE RANDOL
Tenez, je parierais que c'est lui qui va sortir ce soir.

MADAME DE SALLUS
En ce cas, partons aussitôt.

JACQUES DE RANDOL
Mais non. Je vous dis qu'il n'y a plus rien à craindre.

MADAME DE SALLUS
Oh! Vous finirez par m'exaspérer avec votre aveuglement.

M. DE SALLUS, de loin
Ma chère amie, j'ai une bonne nouvelle à vous annoncer. J'ai pu reprendre chaque semaine votre loge à l'Opéra.

MADAME DE SALLUS
Vous êtes vraiment trop aimable de me donner le moyen d'applaudir souvent Mme Santelli.

M. DE SALLUS, de loin
Elle a beaucoup de talent.

JACQUES DE RANDOL
Et on la dit charmante.

MADAME DE SALLUS, nerveuse
Il n'y a que ces filles-là pour plaire aux hommes.

JACQUES DE RANDOL
Vous êtes injuste.

MADAME DE SALLUS
Oh! Mon cher monsieur, il n'y a qu'elles pour qui on fasse des folies. Et c'est là, entendez-vous, la seule mesure de l'amour.

M. DE SALLUS, de loin
Pardon, ma chère amie, on ne les épouse pas; et c'est la seule vraie folie qu'on puisse faire pour une femme.

MADAME DE SALLUS
La belle avance! On subit tous leurs caprices.

JACQUES DE RANDOL
N'ayant rien à perdre, elle n'ont rien à ménager.

MADAME DE SALLUS
Ah! Les hommes sont de tristes êtres! On épouse une jeune fille parce qu'elle est sage - et on l'abandonne le lendemain - et on s'affole d'une

fille qui n'est pas jeune, uniquement parce qu'elle n'est pas sage et que tous les hommes connus et riches ont passé par ses bras. Plus elle en a eu, plus elle est cotée, plus elle vaut cher, plus on la respecte, de ce respect particulier de Paris qui ne distingue pas autre chose que le degré de renommée, dû uniquement au tapage qu'on fait, d'où qu'on le fasse. Ah! Vous êtes gentils, messieurs.

M. DE SALLUS, souriant de loin
Prenez garde! On croirait que vous êtes jalouse.

MADAME DE SALLUS
Moi? Pour qui donc me prenez-vous?

UN DOMESTIQUE, annonçant
Madame la comtesse est servie!
Il remet une lettre à Sallus.

MADAME DE SALLUS, à JACQUES DE RANDOL
Votre bras, monsieur.

JACQUES DE RANDOL, bas
Je vous aime!

MADAME DE SALLUS
Si peu!

JACQUES DE RANDOL
De toute mon âme!

M. DE SALLUS, qui lit sa lettre
Allons, bon! Il va falloir que je sorte ce soir.
FIN

LA TRAHISON DE LA COMTESSE DE RHUNE

(1927)

Guy de Maupassant

Personnages

LE COMTE DE RHUNE, seigneur breton PIERRE DE KERSAC, lieutenant des gardes du comte de Rhune LUC DE KERLEVAN, YVES DE BOISROSÉ, nobles bretons de la suite du comte de Rhune JACQUES DE VALDEROSE, ÉTIENNE DE LOURNYE, pages attachés au service du comte JEANNE DE PENTHIÈVRE, comtesse de Blois et duchesse de Bretagne LA COMTESSE ISAURE DE RHUNE SUZANNE D'ÉGLOU, cousine de la comtesse Isaure SEIGNEURS BRETONS, parmi lesquels BERTRAND DU GUESCLIN
SOLDATS ET GARDES

La scène se passe en 1347

Acte Premier

Salle des gardes d'un manoir breton au XIVe siècle. Grands sièges de bois, tables, armes diverses, dépouilles d'animaux, objets de chasse sur les murailles.

On aperçoit la salle en perspective avec des fenêtres dans le fond. Au premier plan, portes à droite et à gauche.

Scène Première

LUC DE KERLEVAN, YVES DE BOISROSÉ, JACQUES DE VALDEROSE, ÉTIENNE DE LOURNYE

Luc de Kerlevan, grand, maigre, aux traits accentués, joue aux dés avec Yves de Boisrosé. Ce dernier, fort gros, est étranglé dans un uniforme et porte à tout instant à sa bouche une cruche de vin posée sur la table à café de lui. Verres sur la table.
Étienne de Lournye, adossé au mur, les regarde jouer; il est âgé de dix-huit ou dix-neuf ans.
Jacques de Valderose, même âge, est seul debout au milieu de la salle et s'exerce avec une épée de combat.

JACQUES DE VALDEROSE
Kerlevan, viens ici; nous allons faire assaut,
Je parie un baiser de ma mie.

LUC DE KERLEVAN, riant.
Ah! Bien sot

Qui s'y laisserait prendre; où diable loge-t-elle?
Tu l'as donc, si ce n'est qu'une pauvre mortelle,
Cachée en quelque puits, menée en quelque tour?
Car je n'en sais pas une au pays alentour.
Boisrosé et Lournye se mettent à rire.

JACQUES DE VALDEROSE
Excepté toutefois notre belle maîtresse.

LUC DE KERLEVAN
Chut! Elle est au-dessus et de notre tendresse
Et de notre pensée!

JACQUES DE VALDEROSE
Et Suzanne d'Églou,
Sa cousine?

LUC DE KERLEVAN
As-tu donc le cou tellement long
Que tu veuilles le faire abattre avec la hache?
Tais-toi.

JACQUES DE VALDEROSE, irrité.
Moi, je n'ai rien dans l'esprit que je cache,
J'ai le coeur assez grand pour aspirer à tout,
Assez haut pour ne rien craindre.

LUC DE KERLEVAN
Tu n'es qu'un fou.

JACQUES DE VALDEROSE
Allons, viens; je parie un baiser de ma dame;
Et si je perds, eh bien! Par le Christ et mon âme,
Je te paierai ma dette avant qu'il soit un an!

LUC DE KERLEVAN
Tiens, laisse-moi jouer.

JACQUES DE VALDEROSE
Ah! Tu crains, Kerlevan!

LUC DE KERLEVAN
Je crains que ta beauté soit vieille, borgne ou louche!

JACQUES DE VALDEROSE
Par le ciel, tu seras baisé de telle bouche
Que tu t'en vanteras le reste de tes jours!

LUC DE KERLEVAN
Toi, tu seras baisé par le bec des vautours!

JACQUES DE VALDEROSE
As-tu peur? As-tu peur?

LUC DE KERLEVAN, se levant.
Eh bien! Soit, mais prends garde,
Je te malmènerai, Jacques.
Boisrosé et Lournye s'approchent pour voir.

JACQUES DE VALDEROSE
Qu'on nous regarde.

YVES DE BOISROSÉ, riant en faisant danser son ventre.
Son épée est, ma foi, plus haute que son front.
Çà, lequel soutient l'autre?

JACQUES DE VALDEROSE
Oh! Toi, l'homme tout rond,
Je te défie après.

YVES DE BOISROSÉ, riant.
Tu n'y tiendras plus guère!
Mon gros ventre est sorti sans trou de tant de guerres
Qu'on ne le crève pas.
(Jacques de Valderose porte à Kerlevan plusieurs bottes sans pouvoir l'atteindre. Celui-ci, d'un revers de son épée, désarme le page et jette sa toque à dix mètres de lui, puis pose son arme tranquillement contre le mur.)
YVES DE BOISROSÉ
C'est pour toi, cette fois;
Kerlevan la veut jeune avec un frais minois.

ÉTIENNE DE LOURNYE, ramassant la toque de son camarade.
Il aurait pu du coup te fendre la cervelle.

Scène II

LES MÊMES, plus PIERRE DE KERSAC
PIERRE DE KERSAC, entrant vivement.
Messieurs, je vous apporte une triste nouvelle:
Le duc est prisonnier!

LUC DE KERLEVAN
Charles de Blois?

PIERRE DE KERSAC
Montfort
L'emporte, et son soutien, l'Anglais, est le plus fort.
Il est maître partout, la Bretagne est sa proie:
Et Jeanne de Montfort, ravie en grande joie,
Jusqu'à la nuit venue, au seuil de son palais,
Sur la bouche baisa les chevaliers anglais!

LUC DE KERLEVAN
Si l'Anglais règne ici, ce sera son ouvrage.

JACQUES DE VALDEROSE
Elle est brave du moins.

LUC DE KERLEVAN
Qu'importe le courage?
Elle ouvrit la Bretagne aux Anglais.

JACQUES DE VALDEROSE
Mais les droits
Paraissent fort douteux entre Montfort et Blois.

LUC DE KERLEVAN
Mais Montfort c'est l'Anglais, Charles de Blois la France.

JACQUES DE VALDEROSE, à Kersac.
Tout est perdu?

PIERRE DE KERSAC
Jamais on ne perd l'espérance!
Car Jeanne de Penthièvre appelle auprès de soi Tout Français et Breton resté fidèle au Roi;
Elle est fière et hardie autant que sa rivale.
Pour ceux qui n'ont point peur la fortune est égale.
Soyons les plus vaillants si les droits sont douteux.
Or, les chefs à présent sont partis tous les deux.
Blois prisonnier, Monfort tué par la Bastille.
La Bretagne est l'enjeu des femmes.

ÉTIENNE DE LOURNYE
On la pille,
On l'écrase, on la tue.

LUC DE KERLEVAN
Eh bien! Tant mieux pour nous,
Car je voudrais qu'on eût du sang jusqu'aux genoux!

Il laisse, ce sang-là, dans la terre inféconde
La haine des Anglais acharnée et profonde.

ÉTIENNE DE LOURNYE
Et nous? Qu'allons-nous faire?

LUC DE KERLEVAN
Espérons bien au moins
Ne pas rester ici d'inutiles témoins.

PIERRE DE KERSAC
Hélas, vous vous trompez, nous resterons encore
Comme garde laissée à la comtesse Isaure;
Car le comte est parti tout à l'heure, emmenant
Tout son monde, soldat et gueux, noble et manant.
Ah! Le comte de Rhune est loyal et fidèle;
Mais j'ai peur de sa femme, elle est fourbe.

JACQUES DE VALDEROSE
Et bien belle!

PIERRE DE KERSAC
On ne comprend jamais ce qu'elle a dans l'esprit,
Car son front est méchant quand sa bouche sourit.

JACQUES DE VALDEROSE
Elle a des yeux ainsi qu'on rêve ceux des anges.

HUGUES DE KERSAC

Mais on y voit passer des lumières étranges
Comme des feux d'Enfer.

JACQUES DE VALDEROSE
Elle est bien belle.

LUC DE KERLEVAN, sévèrement à Valderose.
Elle est
Notre maîtresse.

PIERRE DE KERSAC
Moi, je pense qu'elle hait
Quelqu'un obstinément.

JACQUES DE VALDEROSE
Ou peut-être qu'elle aime.

Scène III

LES MÊMES, LA COMTESSE et SUZANNE D'ÉGLOU
LA COMTESSE
Messieurs, je vous salue, ayant voulu moi-même
Voir tous les défenseurs demeurés avec moi;
Car le comte est parti joindre le camp du Roi.
Nous restons seuls avec quatre-vingts hommes d'armes;
Mais votre grand courage empêche mes alarmes.
Elle s'assied sur un fauteuil que lui présente Kersac. Suzanne d'Eglou s'appuie au dossier.
Que faites-vous ici du matin jusqu'au soir?
Vous maniez les dés, vous jouez blanc ou noir?

YVES DE BOISROSÉ
Non, madame, nos mains sont souvent occupées
A manier les pieux et les lourdes épées,
Pour n'être point trop gros quand Monseigneur le Roi Nous enverra là-bas, où l'on meurt. Et, ma foi,
Pour notre noble maître et pour notre maîtresse,
Après avoir fendu quelque face traîtresse
D'Anglais, j'irais au ciel sans grand chagrin.

LA COMTESSE, souriant.
Merci.
Après un instant d'hésitation.

Vous, monsieur de Kersac, aimeriez-vous aussi Mourir en combattant les Anglais?

PIERRE DE KERSAC
Oui, madame.

LA COMTESSE
Vous, Luc de Kerlevan?

LUC DE KERLEVAN
Certes, je n'ai qu'une âme,
Mais je la donnerais pour n'en plus voir un seul;
Et, lorsque je serai roulé dans mon linceul,
S'il en vient par hasard à passer sur ma tombe,
Mes os tressailliront d'une douleur profonde.

LA COMTESSE
Vous êtes brave, exempt de toute trahison;
Le comte me l'a dit, monsieur.

LUC DE KERLEVAN
Il eut raison.

LA COMTESSE, à Valderose.
Et vous, aimeriez-vous une mort renommée?

JACQUES DE VALDEROSE
Moi, je voudrais mourir pour une femme aimée.

LA COMTESSE, riant.
Vraiment! Vous n'avez point trop de barbe au menton,
Vous êtes jeune encor pour parler sur ce ton.
Vous, Lournye? écoutons un peu messieurs les pages.

LUC DE KERLEVAN
Chaque vie est un livre. Il faut qu'à toutes pages
On écrive des faits. Je voudrais que pour moi On pût lire: «Il mourut fidèle dans sa foi Qu'il donna sans retour à sa première amie,
D'honneur intact, n'ayant laissé nulle infamie.»

LA COMTESSE
Très bien. Ainsi, l'Amour vous occupe à ce point!
Vous en parlez sans gêne et ne vous doutez point
De ce que c'est.

JACQUES DE VALDEROSE
Ah! Si, je crois bien le comprendre.

ÉTIENNE DE LOURNYE
Moi, j'en suis sûr.

LA COMTESSE, riant.
Messieurs, vous avez le coeur tendre,
Et vous êtes charmants. Pour m'amuser un peu,
Parlez-moi de l'Amour, mais surtout avec feu.

ÉTIENNE DE LOURNYE

N'avoir qu'un être à deux, qu'un coeur et qu'une vie,
Qu'une faim, qu'une soif, qu'un besoin, qu'une envie,
Être ensemble, mêlés l'un à l'autre, et chacun
Différent. Se savoir deux et ne faire qu'un.
Sentir son âme en vous, que la vôtre vous quitte
Dans ces profonds regards d'amour où l'âme habite;
Haleter sous l'ardent bonheur qui vous emplit;
Ne plus penser, et vivre en un immense oubli
De tout, l'un prés de l'autre, émus et pleins de fièvres;
Et se tenir les mains et se baiser les lèvres;
Et sourire toujours et ne parler jamais.
Ah! Je deviendrais fou, madame, si j'aimais.

LA COMTESSE
C'est fort bien dit. Parlez, maintenant, Valderose.
Comment aimeriez-vous?

JACQUES DE VALDEROSE
Oh! Moi, c'est autre chose.
J'aurais plus de désirs et plus de passion,
Et toutes les ardeurs de la possession.
Je voudrais être maître en même temps qu'esclave.
Je voudrais un rival, un mari, qu'il fût brave,
Noble et riche, afin d'être à quelqu'un préféré:
D'être le seul aimé, le seul choisi, sacré
Roi par la femme ainsi qu'un prince par le pape.
Alors, ne possédant que l'épée et la cape,
J'aurais plus de triomphe et de richesse au coeur Que n'en trame à sa suite un conquérant vainqueur.

Car j'aurais tout, son oeil, ses cheveux et sa bouche,
Et son geste, et sa voix, et son âme farouche.
Je l'envelopperais de longs baisers très doux Comme d'un voile, et les anges seraient jaloux.
Puis, à l'heure où descend la nuit sombre,
Dieu même m'envierait quelquefois dans son bonheur suprême.

LA COMTESSE, se lève et, allant lentement vers la porte.
Enfants, vous vous trompez: ce n'est point tout cela.
Elle revient tout à coup riant.
Vous, monsieur de Kersac?

PIERRE DE KERSAC
Oh! Le coeur que voilà,
Madame, a maintenant trop porté la cuirasse;
Il est mort là-dessous; quoiqu'il garde la trace,
Comme une cicatrice au front d'un trépassé,
D'un amour douloureux qui l'a jadis blessé.

LA COMTESSE
Tiens, dites-moi cela?

PIERRE DE KERSAC
Toujours la même histoire:
J'aimais, je fus payé d'une trahison noire.
La femme qui m'avait tout son amour promis
Prit un amant parmi nos pires ennemis,
Puis l'épousa, s'étant de coeur prostituée.
Mais moi, lorsque je sus cela, je l'ai tuée.

LA COMTESSE, avec indignation
C'est infâme.

PIERRE DE KERSAC, avec hauteur.
Aujourd'hui je le ferais encor,
Certes, car on est moins méprisable étant mort.
Une tombe vaut mieux qu'une vie infidèle,
Et l'honneur est plus grand qu'une femme n'est belle.

LA COMTESSE
Peut-être sont-ce là de nobles sentiments,
Mais qui conviennent mieux aux maris qu'aux amants.
Vous, Boisrosé?

YVES DE BOISROSÉ, embarrassé et se grattant le nez.
Ma foi... Je ne sais trop... Madame,
C'est... Comme un petit doigt... Qui vous chatouille l'âme
Et la lèvre... Et vous rend aussi gai qu'un pinson,
Ou bien vous met au corps un drôle de frisson,
Qui fait qu'on ne dort plus la nuit, et qu'on peut vivre
Sans manger, qu'on devient jaune comme du cuivre,
Qu'on a des maux de tête et des maux d'estomac,
Comme aux balancements des flots ou d'un hamac.
Mais j'ai trouvé remède à guérir cette fièvre,
C'est de boire au matin un grand coup de genièvre,
Sans quoi l'on deviendrait maigre comme un compas.

LA COMTESSE

Vous, Luc de Kerlevan?

LUC DE KERLEVAN
Oh! Moi, je ne sais pas.

Scène IV

LA COMTESSE, PIERRE DE KERSAC, LUC DE KERLEVAN, YVES DE BOISROSÉ, JACQUES DE VALDEROSE, ÉTIENNE DE LOURNYE, SUZANNE D'ÉGLOU, UN SOLDAT CONDUIT PAR DEUX GARDES

PIERRE DE KERSAC
Quel est cet homme?

UN GARDE
C'est un des soldats du comte.

PIERRE DE KERSAC
Comment est-il ici?

LE SOLDAT
J'ai fui.

LUC DE KERLEVAN
C'est une honte!

LE SOLDAT
Le comte est mort.

PIERRE DE KERSAC
Quoi! Mort? Que dis-tu?

LA COMTESSE
Mon mari?

LE SOLDAT
Oui, madame.

PIERRE DE KERSAC
Comment? Mais parle.

LE SOLDAT
Il a péri
En combattant.

LUC DE KERLEVAN, le prenant au collet.
Mais toi?

PIERRE DE KERSAC, le dégageant.
Laisse parler ce lièvre.

LE SOLDAT
On nous dit en partant que Jeanne de Penthièvre
Était dans Nantes avec deux mille hommes en tout.
C'était faux, les Anglais avaient monté leur coup.
Nous allions la rejoindre. Étant en avant-garde,
Un soldat, mon voisin, nous dit: «Plus je regarde,
Et plus ce bois remue et semble s'approcher,
Il ne fait pas de vent, et je vois se pencher Les branches; on dirait qu'il souffle une tempête.»

Chacun se mit à rire, et l'on trouvait fort bête
Ce soldat. Mais, soudain, tout le bois disparaît
Et l'on voit s'agiter alors une forêt
De piques, de cimiers anglais, et d'arbalètes
Qui font pleuvoir les traits et la mort sur nos têtes.
Chacun s'enfuit; le comte est seul resté debout.
Blessé, perdant son sang, mais luttant jusqu'au bout.
Il garda son épée et ne voulut la rendre
A personne, criant: «Allons, venez la prendre;
Par la pointe, messieurs, je vous la donnerai.»
Puis il tomba, le corps grandement perforé
D'un coup dont un Anglais l'atteignit par derrière.

LUC DE KERLEVAN
Et vous avez tous fui, lâches!

LE SOLDAT
La troupe entière
S'est dispersée à tous les coins de l'horizon.

LUC DE KERLEVAN
Kersac, point de pitié pour ces gueux. Ils vous ont,
Pour aller au combat, des pattes de tortue,
Et des jambes de cerf pour s'enfuir. On les tue
Comme des chiens. L'exemple est utile en ce temps.
Nous avons des fuyards au lieu de combattants,
Et l'Anglais va venir. Qu'on apporte une corde.

LE SOLDAT, *tendant les mains vers la comtesse.*

Oh! Grâce!

LA COMTESSE

Ayons au coeur plus de miséricorde.

Elle prend la cruche de vin et en présente elle-même un verre au soldat, qui le boit. Puis elle lui fait signe de sortir; il s'en va avec les gardes.

Certes, mon âme est forte et sait tout endurer,
Mais je sens que mes yeux ont besoin de pleurer.
Quand on est femme, on a toujours cette faiblesse
De pleurer aussitôt que le malheur vous blesse:
C'est vrai. Mais nous avons cette fierté du moins
De ne jamais montrer nos pleurs à des témoins.
Allez, messieurs.

Ils sortent tous en s'inclinant.

Scène V

LA COMTESSE, SUZANNE D'ÉGLOU
LA COMTESSE
Je puis enfin rire à mon aise!
Ah! Comme j'ai joué leur naïveté niaise!
Comme une femme est forte et vaut mieux qu'un soldat
Comme la ruse est grande à côté du combat!
C'est de moi qu'est venu ce que tu viens d'entendre.
C'est un piège profond que mes mains ont su tendre.
Écoute... Je me fie à ta fidélité;
Le comte est bien vivant: voilà la vérité.
Mais, en le disant mort, je deviens la maîtresse,
Et je garde les clefs de cette forteresse
Pour celui que j'attends et que j'aime, celui
Dont le nom comme un feu dans mon souvenir luit,
L'Anglais Gautier Romas!

SUZANNE D'ÉGLOU
Qu'as-tu fait là, cousine?
Tu ne redoutes point la colère divine
Qui punit le parjure et l'infidélité?

LA COMTESSE
Eh! Que veux-tu? Pendant longtemps j'ai résisté,
Mais l'amour m'a saisie, a tordu ma pensée,
Comme un lutteur tombé je me sens terrassée.

SUZANNE D'ÉGLOU
Oh! C'est très mal, cousine.

LA COMTESSE
Ah! C'est mal. Et pourquoi?
Avant de l'épouser, j'avais donné ma foi.
Mon père m'a jetée à lui; lui, vieux, m'a prise,
Comme un objet quelconque et presque par surprise
Et parce qu'avec moi j'apportais un cadeau
Royal, trois grands châteaux et ma jeunesse en dot!
Moi, j'avais peur de lui, j'avais peur de mon père,
Je n'osai dire «non», mais est-ce qu'il espère
Qu'on est maître d'un coeur et qu'on prend un esprit
A cheval et l'épée au flanc comme il me prit,
De même qu'un butin qu'on rapporte?

SUZANNE D'ÉGLOU
Oh! Prends garde…
Mais, ce soldat qui t'a servi, si quelque garde,
L'enivrant, apprenait par lui ta trahison?
Un peu de vin suffit pour perdre la raison.

LA COMTESSE, montrant la cruche de vin.
Un peu de vin suffit pour perdre la mémoire,
Et je verse l'oubli lorsque je verse à boire.
Il est mort!

SUZANNE D'ÉGLOU

Ton mari, tu le hais. Mais, sinon
Pour lui, pitié du moins pour son nom.

LA COMTESSE
Quoi, son nom?
Qui connaît hors d'ici sa splendeur dérisoire?
C'est moi qui lui ferai sa place dans l'Histoire.

SUZANNE D'ÉGLOU
Oui, cousine, c'est vrai, mais par la trahison.

LA COMTESSE
Trahir! Qui donc trahit dans cette guerre? Ils ont
Tous trahi! Jean de France et duc de Normandie
Livra-t-il pas Montfort au Roi par perfidie?
Et Landerneau? Guingamp? Henry de Spinefort,
Traître, a-t-il ouvert Hennebont à Montfort?
Livra-t-on pas Jugon pour cent deniers de rentes?
Mais ils ont tous trahi de façons différentes!
L'évêque de Léon? Laval? Et Malestroit?
Et d'Harcourt? Et Clisson, que fit périr le Roi
Par le bras du bourreau? Cependant, leur mémoire
Est encor respectée et brillante de gloire.
Trahir? Ah! J'ai trahi celui seul que j'aimais,
L'Anglais Gautier Romas, et je veux désormais
Lui demeurer fidèle et lui livrer le comte.
La vengeance est permise et n'est point une honte.
Entre les deux, mon coeur n'eut pas droit de choisir;
J'étais à lui; mais l'autre est venu me saisir.

Aujourd'hui, je me rends à mon bien-aimé maître.
Quand on a de l'audace, on cesse d'être un traître!

SUZANNE D'ÉGLOU
Malgré l'audace, on est infidèle et trompeur;
Puis je t'aime, cousine, et je sens que j'ai peur.
J'ai peur de tout, de moi, de nous, d'un mot, d'un geste.
Un regard qu'on échange, un rien, tout est funeste
Quand on cache en son coeur un périlleux secret.
Un soupçon peut venir.

LA COMTESSE
Qui me soupçonnerait?

SUZANNE D'ÉGLOU
Si l'on apprend soudain que le comte est à Nantes?

LA COMTESSE
Qui pourrait en trouver la nouvelle étonnante?
La ruse est bien ourdie, elle vient du Montfort
Qui voulait s'en servir pour entrer dans ce fort.

SUZANNE D'ÉGLOU
Mais si le comte, enfin, sait sa mort répandue
Avant qu'à ton Anglais ta porte soit rendue,
Pour garder son château, sans doute il reviendra.
Alors, que feras-tu?

LA COMTESSE

Rien. Quelqu'un m'aimera.

SUZANNE D'ÉGLOU
Un autre amant?

LA COMTESSE
Tout homme appartient à la femme.
C'est notre esclave-né, soumis de corps et d'âme.
Ou qu'il soit notre époux bu qu'il soit notre amant,
C'est un jouet d'amour ou terrible ou charmant.
Le Ciel nous l'abandonne. Il reçut en partage
Ce mépris de la mort qu'on appelle courage,
La faiblesse du coeur et la force du bras,
Cette audace qui fait les immenses combats,
Les muscles vigoureux qui supportent les armes;
Mais nous avons pour nous la puissance des charmes,
L'amour! Et par cela l'homme nous fut livré.
Fauchons ses volontés comme l'herbe d'un pré;
Tendons nos yeux sur lui comme un filet perfide;
Avec des mots d'espoir courbons son coeur rigide;
Poursuivons-le sans cesse, et, quand nous l'avons pris,
Faisons comme le chat qui tient une souris,
Jouons et gardons-le. Dans un péril extrême,
Ayons toujours dans l'ombre un homme qui nous aime.
Il nous importe peu qu'il soit charmant ou laid;
Il nous importe peu qu'il soit duc ou valet;
Mais qu'il nous aime assez.

SUZANNE D'ÉGLOU

Quoi! Tu veux un complice?

LA COMTESSE
Non, un esclave prêt à tout, jusqu'au supplice,
A commettre tout crime, à trahir toute foi,
A mourir, s'il le faut, sur un regard de moi.

SUZANNE D'ÉGLOU
Mais qui ce sera-t-il?

LA COMTESSE
Je cherchais tout à l'heure.

SUZANNE D'ÉGLOU
Où donc?

LA COMTESSE
Ici; j'ai vu que mon sourire effleure,
Sans les faire vibrer, tous ces grossiers soudards.
Ni tumulte en leur coeur, ni feu dans leurs regards.
La foi stupide, seule, en leur poitrine habite,
Et sous aucun amour leur âme ne palpite.
Ils sont finis, ils sont trop bêtes et trop vieux;
Et, quoique des enfants, les pages valent mieux.

SUZANNE D'ÉGLOU, *se mettant à genoux et prenant les mains de la comtesse.*
Oh! Cousine, je te supplie et je t'implore,
Oh! Ne fais point cela, puisqu'il est temps encore;

C'est pour toi que je pleure et pour toi que je crains,
Car je t'aime, toi seule.

LA COMTESSE, la relevant.
Allons, plus de chagrins,
Et lève-toi!

Scène VI

LES MÊMES. JACQUES DE VALDEROSE entre brusquement, puis s'arrête tout à coup en apercevant la comtesse et SUZANNE D'Églou.

JACQUES DE VALDEROSE, se retirant.
Pardon.

LA COMTESSE, lui faisant signe d'approcher.
Mais entrez. J'imagine
Que vous n'avez point peur de ma belle cousine.
Moi, quand j'ai le coeur plein de pensers affligeants,
J'aime ouïr prés de moi causer des jeunes gens.
Causez tous deux, et si mon air morne vous gêne,
Ne me regardez point, j'écoute et me promène.

SUZANNE D'ÉGLOU, suppliante.
Oh! Reste!

LA COMTESSE, s'éloignant.
Envoyez-moi vos rêves étourdis.
La douleur est muette à mon âge, tandis
Qu'au vôtre on a toujours quelque folie à dire.
Jetez sur ma pensée un peu de votre rire;
Et faites que je sente en mon coeur attristé
Descendre à votre choix un rayon de gaieté.

Elle va dans l'embrasure d'une fenêtre et regarde tantôt les jeunes gens, tantôt en dehors.

JACQUES DE VALDEROSE, à Suzanne d'Églou.
Le ciel me soit en aide. Et que Dieu vous bénisse,
Mademoiselle. II m'est en ce jour bien propice,
Et je lui veux ce soir rendre grâce à genoux De ce qu'il m'est permis de rester près de vous,
C'est le plus grand bonheur où je puisse prétendre.

SUZANNE D'ÉGLOU
Monsieur, je ne suis point d'humeur à vous entendre;
Gardez tous vos propos aimables ou joyeux.
J'ai l'amertume au coeur et des larmes aux yeux.

JACQUES DE VALDEROSE
Hélas! Vous n'êtes point plus triste que moi-même.
Mais, prés des déplaisirs, le ciel bienfaisant sème
Les consolations, et le chagrin que j'ai
Rien qu'en vous approchant me parait soulagé.

SUZANNE D'ÉGLOU
Le mien n'est point de ceux qu'un compliment allège.

JACQUES DE VALDEROSE
Le malheur prés de vous fond comme de la neige,
Car l'oeil clair d'une femme est le soleil des coeurs.

SUZANNE D'ÉGLOU

En cet instant, monsieur, votre place est ailleurs.

JACQUES DE VALDEROSE
Je ne sais qu'une place, et c'est la seule bonne:
Celle qu'à ses côtés une femme nous donne.

SUZANNE D'ÉGLOU
J'en sais d'autres encore, et ce n'est point ici.
L'amitié d'une femme est un moindre souci
Pour un coeur noble et fort que l'amour de la France.

JACQUES DE VALDEROSE
Quand l'amour du pays est une âpre souffrance,
Que le fer le ravage et que la flamme y luit,
Et que l'on n'y peut rien que de pleurer sur lui,
L'amitié d'une femme un instant nous console.

SUZANNE D'ÉGLOU
L'homme qui s'y repose a l'âme vile et molle
Et trouve son plaisir plus cher que son devoir.

Acte Deuxième

Scène Première

LA COMTESSE, JACQUES DE VALDEROSE
Le théâtre représente une salle du château de Rhune qui sert d'oratoire à la Comtesse. Sorte de chapelle à gauche. Portes des deux cités de la scène; fenêtres au fond.
Valderose est aux genoux de la Comtesse assise dans un fauteuil et tient une main dans les siennes en la regardant avec amour.

JACQUES DE VALDEROSE
Oh! Je voudrais rester ainsi ma vie entière.
Vous m'aimez! C'est donc vrai! Vous, ma maîtresse altière,
Puissante et noble, à l'oeil sévère et redouté;
Vous dont je contemplais la sereine beauté
Ainsi que l'on regarde une étoile lointaine;
Vous dont je redoutais la parole hautaine.

LA COMTESSE
Savez-vous maintenant ce que c'est que l'amour?

JACQUES DE VALDEROSE
On ne le sait jamais, on l'apprend chaque jour.

LA COMTESSE
Comment l'apprenez-vous?

JACQUES DE VALDEROSE
En vous voyant sans cesse.

LA COMTESSE
Et cela vous suffit?

JACQUES DE VALDEROSE
C'est trop pour ma bassesse.

LA COMTESSE
L'amour ne connaît point bassesse ni grandeur.
S'aimer, c'est être égal.

JACQUES DE VALDEROSE
Je vous aime.

LA COMTESSE
Candeur
D'enfant; un mot n'est rien; mais l'amour est immense,
Qu'est-ce que c'est?

JACQUES DE VALDEROSE
Le ciel espéré qui commence.
Un bonheur si parfait qu'on ne le comprend point.

LA COMTESSE
Non, ce n'est pas cela, qu'est-ce donc?

JACQUES DE VALDEROSE
Un besoin
De tenir dans ma main votre main qui la touche,
De respirer l'air pur qui vient de votre bouche,
D'écouter votre robe en vous voyant passer,
De sentir tout à coup votre oeil me caresser,
M'emplissant de chaleurs et de clartés d'aurore,
Superbe et doux, tout noir de choses que j'ignore,
Que je voudrais comprendre et que je crains un peu.

LA COMTESSE
Non. Ce n'est point cela. Qu'est-ce que c'est?

JACQUES DE VALDEROSE
Un feu
Qui change la poitrine en un brasier de forge,
Un volcan de baisers qui montent à la gorge
Prêts à jaillir.

LA COMTESSE
Non.

JACQUES DE VALDEROSE
C'est l'âme du bonheur.

LA COMTESSE
Non.

JACQUES DE VALDEROSE
C'est l'infini qui s'ouvre ainsi qu'un horizon.

LA COMTESSE
Non. C'est le dévouement sublime et la souffrance;
Le moment de la vie où finit l'espérance.
On aime, c'est assez. Aimer, c'est l'abandon
Complet de soi, l'entier sacrifice, le don
De son corps, de son sang, de son coeur, de son être,
De tout rêve, de tout désir qui nous pénètre,
Et de l'honneur humain pour un autre plus grand:
Un besoin de donner plus encor qu'on ne prend,
De vivre l'un pour l'autre et de mourir de même;
Comprenez-vous cela? Mourir pour qui l'on aime!

JACQUES DE VALDEROSE
Je ne vois, je ne sens, je ne comprends enfin
Que ceci: «Je vous aime.» Ô maîtresse, j'ai faim De votre voix, j'ai soif de vos regards; j'adore
Votre être tout entier. Je vous aime. J'ignore,
Je méprise, je hais tout ce qui n'est pas vous.
Oui, je voudrais mourir d'amour à vos genoux.

LA COMTESSE, impatientée.
Oh! Que tu comprends mal l'amour, enfant timide!
Tu parles de tendresse avec ton oeil humide
Et des roucoulements d'oisel. Qu'est tout cela Près de l'emportement terrible que j'ai là?

As-tu pendant des nuits senti ta chair se tordre
Et ton corps sangloter, et la rage te mordre
A la gorge, et sonner dans ton sein, comme un glas,
Le dégoût d'un passé qui ne s'efface pas.
Dans ton coeur déchiré que le désir affame
As-tu jamais songé que, moi, je fus la femme
D'un autre, qu'il m'aima d'amour, qu'il me fut cher,
Et qu'on n'arrache pas ses baisers de ma chair,
Que l'âme comme un corps se flétrit aux caresses,
Et qu'elle est moins entière aux secondes tendresses.
Es-tu jaloux?

JACQUES DE VALDEROSE
Jaloux de qui?

LA COMTESSE
De mon passé.

JACQUES DE VALDEROSE
Non, puisque vous m'aimez.

LA COMTESSE
Songe qu'il a laissé
Sa trace dans mon coeur ainsi que sur ma lèvre.

JACQUES DE VALDEROSE
Taisez-vous; chaque mot me brûle d'une fièvre
Atroce, je ne veux rien savoir.

LA COMTESSE
Me crois-tu,
Enfant faible et craintif, de si courte vertu
Que je cède au premier empressement d'un homme,
Ainsi qu'au son du cor une ville qu'on somme?
Pour entrer dans la place, il faut être vainqueur,
Il faut avoir souffert pour entrer dans mon coeur.
Mieux qu'une forteresse on doit savoir me prendre,
L'assaut est périlleux, car, avant de me rendre,
Je te ferai verser des larmes et-du sang.

JACQUES DE VALDEROSE
Pourtant, je ne vois point de péril si pressant
Qui me force à subir une pareille épreuve.

LA COMTESSE
Mais si le roi Philippe apprend que je suis veuve,
Moi qui tiens trois châteaux de France en mon giron,
Alors, il m'enverra quelque puissant baron,
Pour accomplir du Roi la volonté jalouse
Il faudra bien, mon pauvre enfant, que je l'épouse.
Que ferez-vous alors?

JACQUES DE VALDEROSE, avec violence.
Je le tuerai.

LA COMTESSE le baise au front brusquement avec un cri de joie.

Je t'aime.

Elle s'enfuit précipitamment par la porte de gauche.

Scène II

JACQUES DE VALDEROSE, seul.

Oh! Quel coup, j'ai reçu de ce mot-là: baptême
De tendresse infinie; aurore de ce jour Où je goûterai tous tes triomphes, Amour!
Du baiser de sa main à celui de sa bouche,
Et d'un «oui» de sa lèvre aux marches de sa couche.
Au-dessus de mon front quel génie arrêté
Fait donc pleuvoir sur moi cette félicité!
Une femme! Une femme! Oh! La chère inconnue
Qu'on attend, dont on voit la nuit la forme nue
Passer, et qu'on poursuit toujours sans la saisir.
Il est secoué par des sanglots.
Tiens, je ne croyais pas qu'on pleurait de désir…
Elle m'aime! Et je vis: et je sais qu'elle m'aime!
Est-ce bien moi? Pourtant, est-ce bien moi? Le même
Qu'ils traitaient en enfant. Que l'amour m'a grandi!
S'ils avaient entendu ce mot qu'elle m'a dit?
S'ils le savaient - Kersac, Kerlevan et Lournye?
Mais non, car ce sont là des choses que l'on nie.
S'ils le savaient pourtant, comme l'on m'envierait!
Il est dur de cacher un semblable secret.

Scène III

JACQUES DE VALDEROSE, SUZANNE D'ÉGLOU

SUZANNE D'ÉGLOU, entrant à droite, l'apercevant.
Ah! C'est vous! Vous pleurez? Quelle ambre souffrance
Emplit donc votre coeur?

JACQUES DE VALDEROSE, très exalté.
Je pleure d'espérance.

SUZANNE D'ÉGLOU
L'espérance de quoi?

JACQUES DE VALDEROSE
Du bonheur que j'attends.

SUZANNE D'ÉGLOU
On a de faux espoirs, monsieur, de temps en temps.

JACQUES DE VALDEROSE
Non, je touche le mien.

SUZANNE D'ÉGLOU
Le bonheur fuit sans cesse.

JACQUES DE VALDEROSE
Me fuir, comment cela, me fuir; j'ai sa promesse,
Son aveu, son amour.

SUZANNE D'ÉGLOU, très digne.
De quoi me parlez-vous?

JACQUES DE VALDEROSE, se calmant.
Mais de mes faux espoirs et de mes songes fous;
Car je rêve sans fin, et je crois arrivées
Les choses qu'en mes jours de bonheur j'ai rêvées.

SUZANNE D'ÉGLOU, triste.
Au réveil, bien souvent, le songe était trompeur.
Quand il a disparu, c'est dur.

JACQUES DE VALDEROSE
Je n'ai pas peur.
L'espérance que j'ai capturée est de celles
Qui ne s'envolent point, quoique battant des ailes
Dans mon coeur, et chantant comme un oiseau des bois.

SUZANNE D'ÉGLOU
Hélas! J'ai trop souvent connu sa douce voix;
Mais que c'est triste après, après, quand rien ne chante!

JACQUES DE VALDEROSE
Vous voulez m'effrayer; que vous êtes méchante!

SUZANNE D'ÉGLOU, s'animant.
Méchante, non, monsieur, vous ne le croyez point!
Je voudrais... Êtes-vous donc aveugle à ce point
De ne rien deviner et de ne pas comprendre
Que les pièges d'amour sont faciles à tendre?
Je n'en puis dire plus... Pourtant... Je le voudrais.

JACQUES DE VALDEROSE, étonné.
De quoi parlez-vous donc?

SUZANNE D'ÉGLOU, avec autorité.
Je parle de secrets
Que l'on n'aborde point entre gens de notre âge.
Mais je suis la plus jeune et je suis la plus sage,
Ayant le coeur mieux clos et les yeux moins fermés.

JACQUES DE VALDEROSE
Mais j'ai les yeux ouverts.

SUZANNE D'ÉGLOU
Non.

JACQUES DE VALDEROSE
Pourquoi?

SUZANNE D'ÉGLOU
Vous aimez.

JACQUES DE VALDEROSE
Comment le savez-vous?

SUZANNE D'ÉGLOU
Qu'importe… Je devine;
Écoutez-moi; je sais des ruses qu'on combine.
On cherchera peut-être à gagner votre foi,
A vous faire tourner contre nous et le Roi.
A troubler les coeurs la tendresse est sujette.
Quand elle devient vile un homme la rejette.
Sachez ne point céder votre âme au tentateur,
Ni, pour un peu d'amour, vendre beaucoup d'honneur.

JACQUES DE VALDEROSE
Je suis…

SUZANNE D'ÉGLOU
Souvenez-vous de n'être jamais traître;
Quel qu'il soit, de servir droitement votre maître;
De craindre toute femme et de n'y pas songer,
Car son oeil est limpide et son coeur mensonger;
De rester toujours loin de toute vilenie;
D'être noble d'esprit comme de nom.

JACQUES DE VALDEROSE
Je nie
Qu'aucun amour, jamais, me puisse perdre ainsi.

SUZANNE D'ÉGLOU
Vous le promettez?

JACQUES DE VALDEROSE
Je le promets.

SUZANNE D'ÉGLOU
Merci. Allez voir maintenant ce qui vient par la plaine,
Et votre coeur battra, non d'amour, mais de haine.
Et cette haine-là, monsieur, c'est le devoir.

JACQUES DE VALDEROSE
Qu'y a-t-il donc?

SUZANNE D'ÉGLOU
Allez.

JACQUES DE VALDEROSE, sortant gaiement.
Demoiselle, au revoir.

Scène IV

SUZANNE D'ÉGLOU, seule.
Elle reste debout au milieu de l'appartement et pleure.
Coulez, larmes… Avant que vous soyez taries,
Mes cheveux seront blancs et mes lèvres flétries.
Elle se jette à genoux devant le grand Christ en sanglotant et tenant la tête dans ses mains.
Fallait-il justement, mon Dieu, que ce fût lui!
Elle pleure encore.
Sitôt qu'on l'entrevoit, comme le bonheur fuit!
Comme ils sont payés chers, les espoirs qu'il accorde!
Relevant la tête vers le Christ.
Il n'est donc nulle part une Miséricorde
Quand le malheur aveugle a trop broyé quelqu'un?
Oh! Tes parts ne sont pas égales pour chacun,
Fatalité; le bras est injuste qui frappe.
Se relevant en chancelant.
Comme je me sens faible et comme tout m'échappe!

Scène V

LA COMTESSE, PIERRE DE KERSAC
La comtesse apparaît subitement à la porte de gauche, pendant que
Pierre de Kersac se précipite par celle de droite.

PIERRE DE KERSAC, à la comtesse.
Madame, les Anglais sont autour du château,
Et je crois qu'il l'instant ils vont donner l'assaut.

LA COMTESSE
Faites votre devoir, monsieur.

PIERRE DE KERSAC, avec hauteur.
J'ai l'habitude
De le faire toujours.

LA COMTESSE
Le combat sera rude,
Vous êtes peu nombreux, et je crains fort.

PIERRE DE KERSAC
Nous sommes,
Madame, bien assez, n'étant point de ces hommes
Qui comptent l'ennemi vivant; dans un combat,
On compte seulement chaque front qu'on abat.

Scène VI

LES MÊMES, plus YVES DE BOISROSÉ avec une barrique sur l'épaule.

YVES DE BOISROSÉ, soufflant.
Me voici.

PIERRE DE KERSAC
Qu'est cela?

YVES DE BOISROSÉ
Cela, c'est du genièvre.

PIERRE DE KERSAC
Où vas-tu le porter?

YVES DE BOISROSÉ
Oh! D'abord à ma lèvre,
Puis à ces bons Anglais que je veux enivrer!

PIERRE DE KERSAC
Es-tu fou?

YVES DE BOISROSÉ
Pas du tout. Je vais leur préparer
Une boisson très chaude et très saine aux entrailles.

Car, lorsqu'ils auront mis une échelle aux murailles,
Je laisserai monter les hommes jusqu'au bout.
Puis, dés que le premier surgira, tout à coup J'ôterai le bouchon, leur versant sur la tète
Un fleuve de genièvre.
Se frottant les mains avec joie.
Oh! Cela n'est pas bête,
Vois-tu, car, pénétrant chacun jusqu'à la peau,
J'arroserai du haut en bas leur vil troupeau.
Puis, lorsqu'ouvrant la bouche avec leur nez humide,
Tous ces pots bâilleront sous ma barrique vide,
Espérant qu'il en reste au fond encore un peu,
Ainsi qu'en des blés mûrs j'y bouterai le feu,
Et je verrai couler leur cascade enflammée,
Et je me réjouirai de sentir la fumée
Du genièvre qui brûle et des Anglais rôtis.

PIERRE DE KERSAC, riant.
Ah! Je demande à voir.

YVES DE BOISROSÉ
Allons, je t'avertis
Qu'en gens bien avisés, d'abord nous allons boire
A la santé des gueux.

PIERRE DE KERSAC
Non pas... À leur mémoire.
Ils sortent en riant.

Scène VII

LA COMTESSE, SUZANNE D'ÉGLOU

LA COMTESSE, avec une joie folle.
Je l'ai vu! Je l'ai vu de ma chambre. Il est là.
Mon amour à travers l'espace l'appela,
Et l'appel de mon corps l'a fait venir plus vite
Qu'un messager portant une lettre. Maudite
Soit l'épaisseur des murs qui nous sépare encor.
Mais vous allez tomber, remparts, tant il est fort.
Il vous fera courber, comme des fronts d'esclave,
Vils Bretons et trembler de peur, tant il est brave.
On entend à trois reprises différentes l'appel prolongé d'une trompette, puis la voix lointaine d'un héraut qui crie:
«Oyez, au nom de Jean, le comte de Montfort,
A tous chefs et soldats gardant ce château fort,
Moi, Sir Gautier Romas, qui commande une troupe
De mille cavaliers portant archers en croupe,
Ce jour de saint Martin de Tours, vous fais savoir Qu'ayez à me livrer les clefs de ce manoir;
Sinon, la place étant par mes gens occupée,
Vous serez tous passés par le fil de l'épée.»
Rire des soldats sur les remparts.

LA COMTESSE

Et moi je sentirai ses lèvres sur mon front
Et comme un fer ardent elles me brûleront.
On entend de nouveau une trompette plus rapprochée qui répond trois fois et une voix qui crie:
«Au nom de Jean de Blois, le seul duc de Bretagne,
A vous, Anglais félons que la honte accompagne,
Moi, Pierre de Kersac, qui commande en ce lieu,
Vous dis qu'avez ici besoin de prier Dieu,
Afin qu'il soit propice à recevoir vos âmes
Lourdes de forfaitures et de crimes infâmes.»
Cris de colère des Anglais dans le lointain. Quand les voix se sont tues, un grand silence.

LA COMTESSE
Voilà qu'on va se battre et qu'un frisson me mord.
Quel silence! On croirait que tout le monde est mort.

SUZANNE D'ÉGLOU
Quel est donc ce bruit sourd comme un troupeau qui passe?

LA COMTESSE
Les Anglais.

SUZANNE D'ÉGLOU
On dirait des branches que l'on casse
Et puis des sifflements qui se croisent dans l'air.

LA COMTESSE
Les flèches se brisant sur les cottes de fer.

SUZANNE D'ÉGLOU
Que d'hommes vont mourir!

LA COMTESSE, ironique.
As-tu le coeur si tendre?
Les trompettes sonnent; on entend des cris et un grand tumulte.

SUZANNE D'ÉGLOU
Écoutez.

LA COMTESSE
C'est l'assaut, l'assaut. J'ai cru l'entendre.
Oh! J'ai peur maintenant, j'ai peur pour lui; les coups
Au sein d'une mêlée ont des caprices fous;
Et la mort qui s'y rue, ainsi qu'un chien qu'on lâche,
Prend parfois le plus brave à cité du plus lâche.

SUZANNE D'ÉGLOU
Ces cris me font un mal atroce, car j'entends
Hurler chaque blessé plus que les combattants.

LA COMTESSE, se levant impétueusement.
J'y dois aller, cousine, et veiller sur sa tête,
On peut sauver quelqu'un par un bras qu'on arrête.

Scène VIII

LES MÊMES, UN SOLDAT

LE SOLDAT
Madame, un prisonnier anglais prétend avoir Un secret à vous dire.

LA COMTESSE
A moi? Je veux le voir.
Qu'il vienne.
Le prisonnier entre, gardé par deux soldats.
Que sais-tu?

LE PRISONNIER
Je n'oserais le dire
Qu'à vous.
Les soldats s'éloignent sur un geste de la comtesse.
Je ne sais rien, mais vous le pourrez lire.
Il lui donne une lettre.

LA COMTESSE
De qui?

LE PRISONNIER, bas.
Gautier Romas.

LA COMTESSE, vivement. Elle prend la lettre.

Bien, va.
Aux soldats.
Qu'il soit traité
Avec grande douceur, car il l'a mérité.
Les soldats et le prisonnier sortent.

Scène IX

LA COMTESSE, SUZANNE D'ÉGLOU

LA COMTESSE, baisant la lettre passionnément.
Sa lèvre s'est posée où ma bouche se pose.
Oh! Tu ne comprends pas cela, toi, qu'une chose
Qu'il a vue et touchée est douce à regarder,
Et qu'aux plis du papier sa lettre doit garder Chaque baiser d'amour dont il l'a caressée,
Ainsi que l'écriture a gardé sa pensée.
Elle ouvre et lit le billet.
«Ma douce bien aimée, après l'assaut du jour,
Si je n'ai pu franchir les fossés ni la tour,
Au milieu de la nuit, ouvre la porte basse.
J'y serai seul, viens seule, il faut que je t'embrasse
Sur les mains et les yeux et les lèvres d'abord.
J'irai chercher mes gens après, ô cher Trésor,
Car, avant ce château, c'est toi que je viens prendre.
Mon amour n'attend pas et mon Roi peut attendre.»
Embrassant encore le billet.
Ce soir, ce soir! Avant l'aurore de demain
J'aurai donc ce bonheur d'avoir tenu sa main,
Ce frisson convulsif de la chair et de l'âme
Qui jaillit du baiser d'un homme et d'une femme.
Elle regarde à la fenêtre.
Oh! J'ai beau regarder, je vois le ciel tout blond,

Et sa splendeur grandit. Comme ce jour est long!
Comme il est bon d'aimer, mais qu'il est dur d'attendre!
Dieu clément, laisse donc les ténèbres descendre!
Mais en moi tant d'espoir monte et de soleil luit
Que je ne verrai pas quand tombera la nuit.
Un cri éclatant est poussé par les soldats. On entend un tumulte effroyable, des gens qui courent en se bousculant; des trompettes sonnent.

SUZANNE D'ÉGLOU
Les murs ont tressailli d'une horrible secousse.

LA COMTESSE, les deux mains sur son coeur.
Il est vainqueur.

VOIX AU DEHORS
Montfort! Penthièvre à la rescousse

SUZANNE D'ÉGLOU, tombant à genoux.
Mon Dieu, protégez-nous.
Un soldat entre, effaré.

LA COMTESSE
Qu'est-ce donc?

LE SOLDAT
Un renfort.

LA COMTESSE
Pour qui? Pour les Anglais?

LE SOLDAT
On entre dans le fort.
On entend des voix qui s'approchent; le soldat sort en courant.

LA COMTESSE
Il est vainqueur, vainqueur! Embrasse-moi, cousine.

SUZANNE D'ÉGLOU, abattue.
Les Anglais! Je me sens un poids sur la poitrine.

LA COMTESSE
Écoute donc. Voici que le combat finit.

DES VOIX AU DEHORS
Victoire!

LA COMTESSE
On dit: «Victoire!» Oh! Le ciel soit béni.
Entends-tu ce grand bruit ainsi qu'un flot qui monte?
Il est vainqueur. Il vient. Oh! J'étouffe.

Scène X

LA COMTESSE, LE COMTE DE RHUNE, JEANNE DE BLOIS
La porte de droite s'ouvre, toute grande, livrant passage au comte de Rhune donnant la main à Jeanne de Penthièvre entourée de gentils-hommes.

LA COMTESSE, reculant avec un cri terrible.
Le comte,
Mon mari!
Puis, se jetant dans ses bras.
Vous, Seigneur, vous que je croyais mort!

LE COMTE DE RHUNE, la baisant au front.
Chère femme, merci. Mais regardez d'abord Madame, et saluez celle qui m'accompagne,
La comtesse de Blois, duchesse de Bretagne.

JEANNE DE BLOIS
Qui vous demande asile, en ayant grand besoin,
Car nous venons ainsi de Nantes, et c'est fort loin.

LA COMTESSE, s'inclinant très bas.
Madame la duchesse.

JEANNE DE BLOIS
Allons, chère comtesse,

Donnez-moi votre main sans tant de politesse,
Avec un peu de bonne amitié; voulez-vous?

LA COMTESSE
Un sujet doit rester, madame, à vos genoux.

JEANNE DE BLOIS
Non pas, près de mon coeur.
Elle l'embrasse et s'appuie sur son épaule pendant une partie de la scène.
Se tournant vers le comte en souriant.
Ainsi, comte de Rhune,
Vous garderez ce soir Penthièvre et sa fortune.
Mais je suis plus tranquille, étant sous votre toit,
Que si j'étais encore au Louvre, auprès du Roi.
Et puis, cela me donne une amie inconnue
Que cette guerre avait loin de moi retenue.
De la maison de Rhune à la maison de Blois,
On se tient comme un fer de lance tient au bois.

LE COMTE
Non, madame, mais comme au bras tient une épée.
Le bras, c'est vous.
La duchesse s'incline en souriant, puis:

JEANNE DE BLOIS, à la comtesse.
J'étais toute préoccupée.
Les Anglais, disait-on, vous assiégeaient ici.
Moi-même, j'ai voulu venir à vous.

LA COMTESSE
Merci,
Madame la duchesse.

JEANNE DE BLOIS
Aviez-vous point de crainte,
Vous trouvant enfermée ainsi dans cette enceinte
Avec quelques soldats, serviteurs et valets?

LA COMTESSE, avec un sourire ambigu.
Non. Je n'ai jamais peur en face des Anglais,
Madame.

JEANNE DE BLOIS, souriant.
C'est très beau.

LA COMTESSE
Mais dites-moi, de grâce,
Comment peut-on si vite entrer dans une place
Que cerne l'ennemi?

JEANNE DE BLOIS
C'est fort simple. On le bat.

LA COMTESSE
Et vous n'avez point peur au milieu d'un combat?

JEANNE DE BLOIS

Nous n'avons jamais peur, madame, car nous sommes
Bien gardée au milieu de tous ces gentilshommes.
Les désignant:
Messieurs de Saint-Venant et de Montmorency,
Les maréchaux de France. Et monsieur de Coucy,
Qui tua vingt Anglais en un seul jour. Le sire
De Sully. Si grande est la terreur qu'il inspire
Que l'ennemi se cache en entendant son nom.
Le comte de Ponthieu, le sire de Craon,
Nobles autant que preux. Puis, sous cette cuirasse,
Est un jeune écuyer de bonne et vieille race
Qui s'appelle Bertrand Duguesclin. Devant lui,
Tout homme qui veut vivre un jour de plus s'enfuit.
Tout à l'heure, il a fait si féroce tuerie
D'ennemis, qu'il semblait quelque diable en furie.
Il était au milieu d'une plaine de morts
Quand le chef des Anglais l'attaqua corps à corps.
C'est un certain Romas, de gentille figure,
Auquel sied mieux habit brodé que lourde armure.
Or, messire Bertrand, l'ayant pris par le bras,
L'enleva de cheval et puis le jeta bas.
Même, si les Anglais n'étaient venus en nombre,
Il l'envoyait du coup dans le royaume sombre.
Ah! Messire Bertrand, l'on parlera de vous
Sur terre et je plains ceux qui recevront vos coups.

LA COMTESSE, avec émotion.
Ce... Romas... N'est point mort, cependant?

JEANNE DE BLOIS
Pas encore,
Mais n'en vaut guère mieux, car demain, dès l'aurore,
Il doit se battre avec notre ami Duguesclin.
Celui-ci, qui n'est guère à la clémence enclin,
Jure de ne manger pain de froment ou d'orge
Avant de lui passer son épée en la gorge.

LA COMTESSE, avec un accent particulier.
Ah! Nous verrons cela.

JEANNE DE BLOIS
Certes, nous le verrons,
Comtesse, et comme il sied que tous les nobles fronts
Soient payés de baisers venus de nobles bouches,
A nous de lui donner…
La comtesse fait un mouvement brusque.
Quoi? Ses grâces farouches
Vous font peur? J'aime mieux un visage un peu noir Qu'un autre qui, trop blanc, s'admire en un miroir.
Je préfère, en un mot, le fond à la surface,
Et la beauté du coeur à celle de la face.
S'il ne vaut point en grâce un frêle adolescent,
En courage, du moins, comtesse, il en vaut cent.
Vous le verrez demain, du reste, dans l'arène.
Mais je me sens ce soir un appétit de reine
Qui passe tout le jour à courir le chemin,
Conquérant son royaume, une épée à la main.
Avez-vous faim, messieurs? Eh bien! Suivez Penthièvre

Avec l'espoir au coeur et la joie à la lèvre,
Car tout bon chevalier a droit d'être content
Quand il sait qu'à la porte un ennemi l'attend.
Tous sortent, seul Valderose qui s'avance sur le devant de la scène, et Suzanne d'Églou qui, restée la dernière, s'arrête au moment de sortir et regarde Valderose qui ne la voit pas.

Scène XI

VALDEROSE, SUZANNE D'ÉGLOU

JACQUES DE VALDEROSE
Voilà donc ce qui reste après tant d'espérances!
Le bonheur le plus court est suivi de souffrances
Où tout ce qu'on rêvait s'abîme et disparaît.
Oh! Que faire? Que faire? Un crime... Je suis prêt.
J'ai des rages de bête et des forces d'Hercule.
Oui, je suis prêt à tout... N'aime pas qui recule.
Étreignant sa poitrine de ses des mains.
A-t-on jamais souffert comme je souffre ici,
Aimé comme je l'aime?

SUZANNE D'ÉGLOU, sans changer de place.
Oui, c'est toujours ainsi.
Une meule est égale à tout grain qu'elle broie,
Et ce que notre coeur peut enfermer de joie
N'est rien près de ce qu'il peut tenir de douleurs.

JACQUES DE VALDEROSE, courant à elle et lui pressant les mains malgré elle.
Ô vous, secourez-moi, plaignez-moi! Les malheurs,
Près de vous, font couler des larmes moins amères,
Femmes! Vous consolez, vous êtes les chimères
Qui soutenez nos coeurs. Secourez-moi. Vos mains

Sont des caresses d'ange aux désespoirs humains.
Vos regards endormeurs apaisent sans secousses
La chair qui crie; et vos paroles sont si douces
Qu'on voudrait se coucher dessus. Oh! C'est un coup Terrible, car je l'aime, allez, ainsi qu'un fou.
Je l'aime à me tuer, même à tuer un homme
S'il le faut.

SUZANNE D'ÉGLOU, très émue et très pâle.
Taisez-vous.

JACQUES DE VALDEROSE
Certes, je l'aime comme
On n'a jamais aimé.

SUZANNE D'ÉGLOU, lui mettant une main sur la bouche et cherchant à se dégager et à s'enfuir.
Taisez-vous donc!

JACQUES DE VALDEROSE
Je sens
Ce vide que me font tous mes espoirs absents.

SUZANNE D'ÉGLOU, suffoquant de douleur.
Moi, moi, j'entends cela, mais taisez-vous!

JACQUES DE VALDEROSE
Qu'importe!
Ayez pitié: je suis si faible et vous si forte.

SUZANNE D'ÉGLOU, éperdue et se débattant pendant que Valderose à genoux lui serre les mains.
Mais il ne comprend pas!

JACQUES DE VALDEROSE
Si vous m'abandonnez,
Je n'ai plus qu'à mourir; secourez-moi; tenez,
Je sens que j'ai touché votre coeur doux et tendre.
Oh! Grâce!

SUZANNE D'ÉGLOU, se dégageant désespérément.
Laissez-moi. Je ne puis vous entendre.
Elle s'enfuit, laissant Valderose à genoux et sanglotant.

Acte Troisième

Le théâtre représente la chambre à coucher du comte et de la comtesse de Rhune. Elle est située dans une des cours du château. Au fond, sur une grande estrade, deux énormes lits en chêne, entre lesquels un intervalle de trois mètres environ. Une fenêtre étroite et longue appareil entre les lits, une autre plus grande à gauche. La muraille du fond est un peu arrondie, suivant la forme de la tour.
Porte à droite et porte à gauche sur le devant de la scène. La lune se lève vers le tiers de l'acte, éclaire d'abord les deux lits par la fenêtre à gauche, puis seulement l'intervalle qui les sépare par la fenêtre du milieu.

Scène Première

LA COMTESSE, SUZANNE D'ÉGLOU

LA COMTESSE
Valderose à présent, m'aime assez. Quand j'aurai
Tendu l'ardeur de son désir exaspéré,
Il ne craindra plus rien et frappera le comte
Comme on tue une bête.

SUZANNE D'ÉGLOU
Et vous n'avez point honte?

LA COMTESSE
La honte n'entre pas aux coeurs comme le mien.

Que t'importe après tout? Cet homme ne t'est rien,
Et c'est moi qui mourrai s'il continue à vivre.
Le voir, le front sanglant, comme un boeuf abattu.
Je hais sa bonté même et jusqu'à sa vertu;
Je hais sa confiance en moi, son ignorance
Calme de mon mépris pour lui, de ma souffrance
Et de l'amour que j'ai pour l'autre, et le respect,
L'estime dont chacun se pâme à son aspect;
Mais il m'est odieux surtout parce qu'il m'aime.
Sa tendresse m'emplit d'un dégoût de moi-même.
L'exaspération que j'en ai me poursuit
Tout le jour et me hante encor toute la nuit.
Avec un homme aimé, douce est la servitude,
Son vouloir vous devient une chère habitude;
Mais lorsqu'on hait cet homme auquel on appartient,
Qu'on n'est plus qu'une chair à lui, son corps, son bien,
Que tout ce qu'il vous dit vous parait un outrage,
A force d'en souffrir, il se peut qu'on enrage.
Alors, ainsi que fait un chien baveux qui mord,
Vos paroles, vos yeux, vos mains jettent la mort;
Et ce soir, quand il mit sa peau contre ma bouche,
J'espérai ce pouvoir de tuer qui me touche;
Et son corps a frémi sous mon baiser rendu,
Tant il a bien senti que je l'avais mordu.

SUZANNE D'ÉGLOU

Mais Valderose, en qui votre rage se fie,
Faut-il que cette haine aussi le sacrifie?
Êtes-vous donc sans coeur, sans pitié, sans pardon?

Car lui vous aime enfin, madame; êtes-vous donc Une femme de marbre
ou bien quelque statue
De chair qui fait aimer les hommes et les tue?
Alors que, poursuivi du forfait accompli,
Il viendra, tout sanglant, aux pieds de votre lit,
Claquant des dents, livide encor de son audace,
Chercher sa récompense entre vos bras de glace,
Et jeter son remords brûlant sur votre sein,
Vous fuirez en criant: «Arrêtez l'assassin!»
Et vous le livrerez, râlant d'amour, cet homme
Qui vous aime, qui vous aime!

LA COMTESSE
Je ferai comme
Tu dis. Mais, pour payer le crime consommé,
Une heure il se croira mon amant bien-aimé,
Et lorsqu'à mes côtés on put dormir une heure,
A mon tour j'ai le droit de vouloir qu'on en meure.

SUZANNE D'ÉGLOU
Ainsi tuer, tuer, toujours tuer; vos bras
Et vos lèvres font plus de morts que les combats.
Puis, quand on saisira, fou de votre caresse,
Ce misérable enfant, vous, menteuse, traîtresse,
Vous, chaude encor de son baiser, le coeur battant,
Vous courrez à travers le tumulte éclatant
Ouvrir au chef anglais votre amour, et la porte
Qui protège votre hôte et sa royale escorte!
Et vous ne craignez point la vengeance du sang?

L'homme qu'on tue, après sa mort est plus puissant
Qu'un roi victorieux où passe son armée.
Vous verrez votre vie à tout espoir fermée;
Vous chercherez en vain assez d'ombre où cacher Vos remords plus aigus que les traits d'un archer,
Vous sentirez toujours l'enfant qui vous regarde
Dans le jour et la nuit, et vous fuirez, hagarde,
Au fond des bois, hurlant de peur comme les loups.
Adieu!

LA COMTESSE
Quoi! Tu t'en vas?

SUZANNE D'ÉGLOU
Je vais prier pour vous.

LA COMTESSE
Dieu n'enchaînerait pas ma haine meurtrière.
J'aime, entendstu; mon coeur ne craint point ta prière.
J'aime, et dans ce mot-là pitiés, vertus, pudeurs,
Tous les vains sentiments et les fausses grandeurs
Tombent, l'un après l'autre engloutis, comme tombe
Une goutte de pluie en une mer profonde.

SUZANNE D'ÉGLOU
Eh bien! Soit! Tuez-le! Qu'il meure! J'aime mieux Le voir, le front sanglant, comme un boeuf abattu.
Mais ne vous livrez pas à lui, c'est trop infâme.

LA COMTESSE
Oh! Tu l'aimes donc?

SUZANNE D'ÉGLOU
Moi? Non, non, mais je suis femme:
J'ai honte, enfin. Du moins, qu'il meure pur de vous.

LA COMTESSE
Que m'importe cela? Le voici. Laissenous.
Valderose apparais par la porte de droite. Suzanne d'Églou le regarde fixement pendant qu'il s'approche de la comtesse, mais, comme il ne la voit pas, elle fait un geste désespéré et sort à gauche.

SCÈNE II

LA COMTESSE, JACQUES DE VALDEROSE
Valderose, très pâle, s'arrête à un pas de la comtesse et reste debout, immobile, devant elle.

LA COMTESSE
Voilà comme en ton coeur la tendresse s'efface.
Tu n'oses déjà plus me regarder en face.

JACQUES DE VALDEROSE
Hélas! C'est mon amour lui-même que je crains.

LA COMTESSE
Certes, le fouet du maître a fait trembler tes reins.
Ton audace blêmit, ta vertu s'effarouche,
Ton coeur est moins fougueux que ne l'était ta bouche.

JACQUES DE VALDEROSE
Mon coeur vous aime et par ma bouche vous l'a dit.
Mais ce que j'ai souffert pendant ce jour maudit,
Ce que j'ai sangloté, crié, gémi, personne,
Pas même vous qui me broyez, ne le soupçonne.

LA COMTESSE
Je vous sais gré, vraiment, de cet amour discret
Qui gémit en silence et sanglote en secret.

Mais, aux jours de péril, un amour qui se cache
Me paraît bien timide et peut-être un peu lâche.

JACQUES DE VALDEROSE
Lâche! Que voulez-vous que je fasse?

LA COMTESSE
En ce cas,
Un homme un peu hardi ne le demande pas.

JACQUES DE VALDEROSE
Je ne vous comprends point.

LA COMTESSE, violemment
Tu n'oses pas comprendre.

JACQUES DE VALDEROSE
J'ai l'esprit affolé.

LA COMTESSE
Certes! Et le coeur bien tendre.
Lorsqu'une biche attend aux profondeurs du bois,
On voit les cerfs se battre et se briser leurs bois.

JACQUES DE VALDEROSE
Mais que voulez-vous dire?

LA COMTESSE

Il faut que je vous aide:
Quand on aime une femme, on hait qui la possède.

JACQUES DE VALDEROSE
Le comte! Mais que faire? Allez, j'y songe aussi.

LA COMTESSE
Lui n'hésiterait pas s'il te trouvait ici.
Puisqu'on change de rôle, écoute, et comprends vite.
Je ne répète pas la chose une fois dite.
Moi, je n'ai point assez de place dans le coeur Pour loger deux amours comme un double vainqueur.
Pour que je garde l'un, il faut que l'autre en sorte.
Je ne sais pour chasser le premier qu'une porte:
Celle qu'un poignard ouvre et qu'on ne ferme pas.

JACQUES DE VALDEROSE, très bas.
J'avais déjà pensé cette chose tout bas.

LA COMTESSE
Oui, mais l'oserais-tu?

JACQUES DE VALDEROSE
Songez qu'il est mon maître.

LA COMTESSE
Il est aussi le mien.

JACQUES DE VALDEROSE

Je serais vil et traître.

LA COMTESSE
Et moi, que suis-je donc? Ne l'est-il pas déjà
Celui dont la pensée impure partagea Les plaisirs de son lit?

JACQUES DE VALDEROSE
J'ai juré sur mon âme
D'être son serviteur.

LA COMTESSE
Et moi d'être sa femme.

JACQUES DE VALDEROSE
Mais voilà si longtemps que je dors sous son toit.

LA COMTESSE
Oui, mais j'y dormirai désormais avec toi,
Rien qu'à te rendre heureux tout entière occupée.

JACQUES DE VALDEROSE
Mais c'est à lui, mon bras, mon sang et mon épée
Dont je le dois frapper.

LA COMTESSE
A qui donc est mon corps?
A lui, tant qu'il vivra. Mais rien n'est plus aux morts.

JACQUES DE VALDEROSE

Oh! Le crime est trop grand!

LA COMTESSE
L'amour absout des crimes.
Les forfaits qu'il inspire en deviennent sublimes.
Toutes les trahisons, toutes les lâchetés,
Sont autant de vertus, autant de voluptés.
Sais-tu pas qu'en son nom, pour des femmes aimées,
On a tué des rois, massacré des armées,
Et plus martyrisé, répandu plus de sang Qu'on ne le fit jamais au nom du Dieu Puissant?
Tous deux ont des pardons égaux sur cette terre;
L'amour ne connaît pas de meurtre ou d'adultère,
Ses plus grandes fureurs s'appellent dévoûment.

JACQUES DE VALDEROSE
Je n'ose.

LA COMTESSE, très ironique.
Osais-tu pas devenir mon amant?
Oh! De quelle pitié pour toi je me sens prise!
Mais de ta lâcheté je ne suis point surprise;
Car tout homme est ainsi vil et bas et consent
A devenir l'amant quand l'époux est absent.
Mais, quand l'autre revient, apaisant sa fringale,
Il demande humblement une pitance égale,
Trop heureux si, dans l'ombre, on lui jette sa part.
Et derrière la porte il attend le départ
Du mari qu'en ses bras l'épouse indifférente

Caresse par devoir, comme on paie une rente
Et des gens, tous les jours, font cela sans dégoût!
Qu'importe? Les baisers ne changent pas de goût,
Disent-ils. A la lèvre ils ne font point de tache!
Eh bien, je ne sais pas lequel est le plus lâche
De la femme souillée en ce double forfait,
Ou de l'amant qui sort de son lit satisfait!
Tiens, va-t'en, pauvre enfant, que la crainte terrasse.
Le ciel ne nous a pas faits de la même race.
A la femme il donna l'amour et la beauté
Pour l'homme plein de force et d'intrépidité,
Mais, pour l'homme timide, il fit la femme laide.
Va-t'en! Quand on est lâche, il n'est point de remède.
Mais, va-t'en! Que veux-tu de moi si tu n'as point
Ou l'audace de l'âme ou la vigueur du poing?
C'est que la passion souffle comme une trombe,
Et l'homme qu'elle atteint, ainsi qu'un arbre, tombe
S'il est trop faible encor pour recevoir son choc.

JACQUES DE VALDEROSE, fort bas.
Quand faut-il le tuer?

LA COMTESSE
Avant le chant du coq.

JACQUES DE VALDEROSE
Cette nuit.

LA COMTESSE

Tout à l'heure.

JACQUES DE VALDEROSE, s'agenouillant devant elle.
Oh! Permettez, madame,
Que cette volonté s'affermisse en mon âme.
On n'ose pas un meurtre avec un front pâli.
Demain, quand je l'aurai dans mon coeur accompli,
Lorsque j'aurai déjà fait dans ma pensée,
Lorsque j'aurai sondé l'épouvante glacée
Du sang qui coule et du dernier regard des morts,
Demain, je le tuerai sans trouble et sans remords.
Demain. On frappe mal avec un bras qui tremble.

LA COMTESSE, d'une voix très tendre, en lui caressant le bout de ses mains.
Nous pourrions dés ce soir passer la nuit ensemble.
As-tu rêvé cela?

JACQUES DE VALDEROSE, lui prenant et lui baisant les mains.
Je le tuerai ce soir.

LA COMTESSE tendrement, comme si elle disait des choses amoureuses.
Écoute, ne crains rien, il fallait tout prévoir.
J'ai tout prévu, jusqu'à la peur qui te tourmente.
Ma main mit en son verre une ivresse endormante
Qui le fera tomber et s'assoupir soudain,
Aussi doux à la mort qu'un chevreuil ou qu'un daim.
Tu n'auras qu'à frapper en choisissant la place

Lentement. Ne crains rien, pas un poil de sa face
Ne bougera, pas un de ses membres perclus.
Ton poignard le fera s'endormir un peu plus,
Voilà tout. Je serai tout près, d'ailleurs. Et pense
Que nul n'hésiterait devant la récompense.

JACQUES DE VALDEROSE
Mais on découvrira le crime, et je serai
Mis à mort?

LA COMTESSE
Non, je sais qui je dénoncerai.

JACQUES DE VALDEROSE
Un autre? Je ne veux laisser tuer personne
A ma place.

LA COMTESSE
Quelqu'un qui m'aime et nous soupçonne.
On entend parler et marcher dans la coulisse.
Le comte vient. Va-t'en. Non, entre en cet endroit.
Elle ouvre une espèce de trappe dans la muraille de droite et y pousse
Valderose.
Ce passage conduit aux fossés; c'est étroit
Et bas; mais l'on n'en peut sortir par d'autre route
Que celle-ci. Du moins, là, je te garde. Écoute,
Tu resteras tout contre la porte, à genoux,
Et lorsque je dirai: «Cher seigneur, dormez-vous?»
Ce sera l'heure; va.

Elle referme la trappe sur lui, puis, seule, en revenant au milieu de la scène:
Quelque soit ton envie!
Tu ne peux m'échapper maintenant, car ta vie
M'assure ton courage.

Scène III

LE COMTE, LA COMTESSE, SUZANNE D'ÉGLOU, PIERRE DE KERSAC dans la coulisse.
LE COMTE, à Pierre de Kersac, resté dans la coulisse.
Oui. Demeurez ici

(à Suzanne D'Églou)
Maintenant laissez-nous, ma chère enfant. Merci.
Elle sort.

Scène IV

LE COMTE, LA COMTESSE

LA COMTESSE, lui passant ses bras autour du cou.
Enfin, nous sommes seuls, mon doux Seigneur et Maître,
Votre amour avec vous m'est-il rendu?

LE COMTE, grave.
Peut-être.

LA COMTESSE, avec inquiétude.
Quoi? Qu'avez-vous?

LE COMTE, tendrement, mais un peu vite.
Je veux dire qu'à ton côté,
Lorsque je suis parti, mon amour est resté.
Où que j'aille, mon coeur auprès de toi demeure.
Pour ne plus nous aimer il faut qu'un de nous meure.

LA COMTESSE, l'entraînant vers l'estrade où sont les lits.
Viens, la nuit sera longue!

LE COMTE, lentement.
Autant que tous les jours
Où j'ai souffert, bien longue.

LA COMTESSE
Et nos baisers trop courts.

LE COMTE, comme machinalement.
Trop courts.

LA COMTESSE
Vous chancelez comme ferait un homme
Ivre.

LE COMTE
Moi je fléchis sous un poids qui m'assomme.

LA COMTESSE, avec inquiétude.
Quelque chagrin ?

LE COMTE
Non, non, c'est un affaissement
Étrange, une torpeur qui depuis un moment
M'enveloppe. Mon oeil s'éteint, mon front me pèse,
Mon coeur s'arrête.

LA COMTESSE
Ce n'est rien, quelque malaise
De fatigue.

LE COMTE

Mon corps, mon esprit, tout s'endort.
Comme certains sommeils ressemblent à la mort.

LA COMTESSE
A la mort? Oui.

LE COMTE
Je veux lutter.

LA COMTESSE, le conduisant vers son lit où il s'étend tout habillé.
Dormez, mon Maître.

LE COMTE, sur son lit.
Que le sommeil est bon! Que vois-je à la fenêtre?

LA COMTESSE
C'est la lune.

LE COMTE
Elle a l'air de regarder ici.
Éveillez-moi dés l'aube.

LA COMTESSE
Oh! N'ayez nul souci;
J'y penserai.

LE COMTE, s'endormant.
J'ai peine à parler, chaque phrase
M'échappe. D'où vient donc ce sommeil qui m'écrase?

Il me semble qu'il va durer bien longtemps.
Il s'endort.

LA COMTESSE, le regardant.
Non. Il sera court. A moins qu'il ne change de nom.
Elle lui prend la main, qui reste inerte; puis elle redescend, se dépouille de sa robe de chambre en velours noir et apparaît en toilette de nuit toute blanche. Après être remontée sur l'estrade entre les lits, elle regarde le comte endormi.
Il ne reverra plus personne, c'est donc comme
S'il était mort. C'est bien peu de chose qu'un homme.
Elle monte sur son lit et reste appuyée sur un coude à regarder son mari.
Oh! Quel bruit fait mon coeur! Il bat ces larges coups
Qu'on frappe au flanc des tours. Cher Seigneur, dormez-vous?
Dormez-vous, cher Seigneur?
Valderose sort de sa cachette, pâle comme un mort et chancelant.

Scène V

LA COMTESSE, JACQUES DE VALDEROSE

JACQUES DE VALDEROSE, s'avançant péniblement jusqu'au pied du lit de la comtesse.
J'ai peur, j'ai peur, madame!
Je sens comme une griffe enfoncée en mon âme.

LA COMTESSE, violemment.
Va donc!

JACQUES DE VALDEROSE
Je n'ose pas le regarder encore.

LA COMTESSE
Tu le regarderas après, frappe d'abord.

JACQUES DE VALDEROSE, éperdu.
Oh! Rien qu'une minute.

LA COMTESSE, d'une voix plus douce.
Eh bien! Soit, rien ne presse.
L'appelant de ses bras.
Viens-t'en. Regarde-moi. Connais-tu cette ivresse
Qui s'élève d'un lit de femme? As-tu rêvé
Tout ce que peut donner l'amour, et soulevé

Dans ta pensée, un soir, le drap blanc de ma couche?
As-tu jamais senti deux lèvres sur ta bouche?
Connais-tu ce baiser profond, plein de sursauts,
Qui vous font tressaillir la moelle dans les os?
Sinon, tu ne sais pas tout ce qu'on peut commettre.
Elle l'attire. Valderose résiste et veut se retourner vers le comte. Alors elle, violemment.
Aurais-tu peur de moi comme de ce vieux maître
Qui fait trembler ton bras servile, et n'oses-tu
Me toucher plus que lui dans ta lâche vertu?
Valderose s'abat sur ses lèvres.

JACQUES DE VALDEROSE, se relevant.
Assez, je n'en puis plus.

LA COMTESSE
L'audace te vient-elle?

JACQUES DE VALDEROSE
Maintenant que j'ai bu ta caresse mortelle,
Oui, j'en ai.

LE COMTE, se dressant brusquement et arrachant le poignard que Valderose tenait à la main.
Sa caresse est mortelle pour toi.
Appelant d'une voix forte.
Kersac!
Kersac paraît.
Dis à tous ceux qui dorment sous mon toit

De venir. Et préviens la duchesse elle-même.
Kersac sort.

LE COMTE, après avoir contemplé quelque temps sa femme et son amant, comme prenant une résolution.
Aimes-tu cette femme, enfant? Réponds.

JACQUES DE VALDEROSE, fort bas.
Je l'aime.

LE COMTE
L'aimes-tu d'un amour terrible et sans pardon,
Jaloux et sans pitié, m'entendstu? Réponds donc
JACQUES DE VALDEROSE, de même.
Oui.

LE COMTE
Voici ton poignard, je te le rends; regarde
Où bat son coeur, et frappe. Enfonce-lui la garde
Dans la chair.

JACQUES DE VALDEROSE
Qui? Moi? Moi?

LE COMTE
Si tu l'aimes, oui, toi:
Ce serait déjà fait si je l'aimais. Pour moi,
Je n'ai plus de fureur, car mon coeur se soulève
De dégoût. Un amant a la haine plus brève,

Le bras plus violent et plus prompt qu'un époux Sans amour, et resté de son nom seul jaloux.
Ma tranquille justice attend qu'elle soit morte:
De ma main, de la tienne ou d'une autre. Qu'importe!
Tu l'aimes, frappe-la, car elle t'a trompé
Plus que moi. Tu croyais tout son coeur occupé
De ton amour. Son coeur est un terrible abîme.
Ce qu'elle aimait en toi, chétif, c'était ton crime!
T'aimer? Toi? Connais-tu son véritable amant?
C'est un Anglais… Gautier Romas.

JACQUES DE VALDEROSE, éperdu, à la comtesse.
C'est faux… Il ment?
C'est faux…

LE COMTE
Je mens? Veux-tu savoir de quelle sorte
Elle t'aimait? L'Anglais l'attend près de la porte.
Après t'avoir livré, trop candide assassin,
Elle gardait pour lui les ardeurs de son sein.
Car tu n'es qu'un enfant dont on se débarrasse
Du pied, comme l'on fait pour cacher une trace.
Et lui guette, l'Anglais, le bruit que font ses pas.
Mais il verra venir quelqu'un qu'il n'attend pas.
Quoi! Tu trembles devant cette prostituée?
Tu ne l'aimes donc point, car tu l'aurais tuée
Déjà, toi qu'elle emploie à ses complots hideux.
Est-ce vrai?
Saisissant violemment les poignets de la comtesse.

LA COMTESSE, sautant, debout, hors de son lit.
Que je vous méprise tous les deux?
C'est vrai, tout est bien vrai. Triomphez, je l'avoue,
Sans remords dans le coeur et sans rouge à la joue.
Mais lequel est le plus vil et le plus rampant,
Du faible amant craintif qui pleure et se repent,
Ou de l'époux cherchant un autre qui me tue?
Allons donc, relevez votre morgue abattue!
Ce qui frappe une femme, allons, est-ce l'amant?
Est-ce l'époux? Voici ma poitrine. Comment
Auriez-vous peur? Lequel de nous est le coupable?
Serait-ce l'amoureux dont le bras n'est capable
D'aucune violence? Ou bien l'homme outragé
Qui crie à son secours et se trouve vengé
S'il voit aux mains d'un autre un peu de sang de femme?
Je vous épargnerai cette besogne infâme.
La moins vile, c'est moi! Je n'ai pas peur du sang!
Elle arrache le poignard des mains de Valderose et, après s'être frappée au milieu de la poitrine, elle tombe à la renverse.

LE COMTE, la regardant à terre.
Le diable qui viendra fouiller ce corps gisant
Se salira les doigts en emportant son âme.

Scène VI

LA COMTESSE DE BLOIS, SUZANNE D'ÉGLOU, PIERRE DE KERSAC, YVES DE BOISROSÉ, LUC DE KERLEVAN, NOBLES, BRETONS ET FRANÇAIS.

Ils entrent précipitamment par la porte de droite. La duchesse tient contre son coeur Suzanne d'Églou qui sanglote.

LE COMTE DE RHUNE, à la duchesse.
Ma justice sera bientôt faite, madame.
Deux coupables sont là. L'un a déjà péri.
Oh! Si je ne vengeais que l'outrage au mari,
Je les aurais jetés tous deux par la fenêtre
Dans l'étang, sans rien dire, et sans faire connaître
Ce déshonneur devant tous ceux de ma maison.
Mais il s'agit ici de haute trahison,
Et c'est vous maintenant que la chose regarde.
Pendant que vous dormiez tranquille sous ma garde,
Elle avait...

LA DUCHESSE, l'interrompant.
Je le sais, comte, je sais aussi
De quelle ruse usa la femme que voici
Pour perdre cet enfant. Il a failli, sans doute,
Il a bien mérité la mort; mais sur sa route,
S'il n'avait point trouvé cet amour malfaisant,
Cette embûche cachée en ce corps séduisant,
Il restait probe et pur. C'est pour elle le crime

Et pour lui le pardon; car il fut sa victime.
Songez donc qu'une femme avec cette beauté
A le même pouvoir que la fatalité,
Qu'un homme devant elle est toujours un esclave
Qu'une caresse enchaîne et qu'un baiser déprave.

LE COMTE
Duchesse, vous avez le droit de pardonner;
Moi, mari, j'ai gardé celui de condamner,
J'en use.

LA DUCHESSE
Faites-lui grâce, je vous en prie.

LE COMTE
Et comptez-vous pour rien ma tendresse meurtrie,
Le nom terni, l'espoir brisé, le bonheur mort?
Il me doit tout cela. Qu'il me paie. Ai-je tort?

LA DUCHESSE
Le plus coupable, c'est l'autre amant, son complice.

LE COMTE
Qu'on me le donne.

LA DUCHESSE
Et vous feriez le sacrifice
De celui-ci?

LE COMTE
Pour l'autre, oh! Oui, mais il attend.
Montrant d'un geste furieux la fenêtre qui est à gauche des deux lits.
Boisrosé! Kerlevan! Qu'on le jette à l'étang.
Avec la pierre au col et les deux mains liées.

LA DUCHESSE, montrant Suzanne d'Églou, à demi-voix.
Vos vengeances seront par ses larmes pliées:
Et l'Anglais sera pris tout à l'heure... Attendons.

JACQUES DE VALDEROSE, fièrement, avec la voix encore pleine de larmes par moments.
Mais moi, je ne veux point ni pitiés ni pardons.
A la duchesse, montrant le comte.
Votre bonté me touche, et la sienne m'outrage.
Quand il faudra mourir, j'aurai plus de courage
Montrant le corps de la comtesse, puis montrant le comte.
Que devant son amour, ou devant son sommeil.
Tuez-moi, car j'aurai sous l'eau meilleur réveil A Kerlevan qui lui lie les mains.
Qu'ici. Toi, je te dois un baiser de ma mie.
Montrant le corps de la comtesse.
Va le prendre sans peur... Elle est bien endormie.

LE COMTE, à Boisrosé et Kervelan.
Finissez vite.

SUZANNE D'ÉGLOU, se précipitant aux pieds du comte.

Oh! Grâce, ayez pitié, pitié :
Car moi, je l'aime ! Il est à moi, je l'ai gagné.
J'ai tué ma cousine et je l'aimais. Oh grâce !
J'ai sauvé votre honneur, celui de votre race.
Oh pitié ! J'ai sauvé la comtesse de Blois.
A tous ceux qui l'entourent.
Vos coeurs sont-ils de pierre, et vos faces de bois
Que vous ne pleurez point ? Sauvez-le. C'est justice.
Je vous ai bien sauvés, moi. J'ai fait sacrifice
De tout ce qu'une femme a gardé de meilleur ;
Des rougeurs de mon front, des pudeurs de mon coeur,
De tout. J'ai donné mon orgueil de jeune fille,
Et perdu votre estime et livré ma famille.
Qu'on me le laisse, ou bien que, liée à son corps,
On me jette avec lui pour que nous soyons morts
Ensemble. Voyez-vous comme je suis infâme ?
Pitié ! Donnez-le-moi, car il a pris mon âme !

UN SOLDAT, ouvrant la porte de droite.
Un prisonnier.
Bertrand Du Guesclin entre, suivi d'un prisonnier les mains liées derrière le dos, entre deux gardes.

DU GUESCLIN
Voici l'Anglais Gautier Romas.

LA DUCHESSE, à Du Guesclin.
Merci, je savais bien qu'il n'échapperait pas
A Bertrand Du Guesclin.

DU GUESCLIN
J'avais suivi sa trace;
Je le savais caché près de la porte basse.
Aussitôt qu'a sonné l'heure du rendez-vous,
Je n'eus qu'à le saisir comme l'on prend des loups.

LA DUCHESSE, au comte.
Il est mon prisonnier. Nous changeons l'un pour l'autre.
Montrant Valderose, puis montrant Gautier Romas.
Celui-là m'appartient. Comte, voici le vôtre.

LE COMTE, la face terrible, debout devant Gautier Romas.
Ah! Nous avons tramé des complots assez laids
Venant d'un chevalier, mais dignes d'un Anglais.
Un combat ne vaut point la ruse lâche et sourde,
Et l'amour d'une femme est une arme moins lourde
Qu'une épée, et pourtant meilleure à vos succès.
Indiquant la fenêtre d'un geste furieux.
Vous irez à l'étang, messire, et sans procès.
Boisrosé et Kerlevan s'emparent du prisonnier et le portent vers la fenêtre.

LA DUCHESSE, montrant au comte Valderose agenouillé devant elle et qui lui baise les mains.
Pardon pour cet enfant, comte.

LE COMTE
Je lui pardonne.

On entend le bruit du corps de Gautier Romas qui tombe dans l'eau. Le comte se retourne, puis, courant vers les lits, il saisit le corps de sa femme, l'emporte jusqu'à la fenêtre où l'on a jeté l'Anglais et la précipite à son tour.

LE COMTE, hurlant par la fenêtre au dehors.
Et maintenant, prends-la, félon, je te la donne!

À la Feuille de rose, maison turque

1875

Publiée pour la première fois en 1945

La pièce "À la Feuille de rose, maison turque" fut représentée le 13 avril 1875, pour la première fois, chez les peintres Becker et Leloir, dans leur atelier de la rue de Fleurus.

Personnages

Miché, maquereau
Crête de Coq, garçon de bordel
Monsieur Beauflanquet, Maire de Conville
Madame Beauflanquet, Mairesse de Conville
Léon, amoureux de Madame Beauflanquet
Raphaële – Fatma – Blondinette, Employées du bordel
Un capitaine retraité, un jeune homme, un sapeur, un Marseillais, un Anglais. La scène se passe à Paris de nos jours dans un salon de bordel. Un salon, tenture d'Orient, trois portes au fond, divans à droite et à gauche.

Scène I

Miché – Crête de Coq

MICHÉ
Eh bien ! Crête de Coq, tout est-il prêt ?

CRÊTE DE COQ
Oui, Monsieur.

MICHÉ
Allons, dépêchons, dépêchons, il ne faut pas perdre une flanelle, les affaires ne vont déjà pas si bien.

CRÊTE DE COQ
Monsieur, on vient d'apporter vos nouvelles réclames. (Il lui donne un paquet.)

MICHÉ (lisant) Ah ! bien, il faudra tâcher d'en distribuer discrètement.

CRÊTE DE COQ.
Comptez sur moi, Monsieur.

MICHÉ

Voyons ça (il lit) « À la feuille de Rose, maison turque, salons et cabinets meublés. »

CRÊTE DE COQ
Bien meublés.

MICHÉ
(lisant) « Société choisie, sécurité, petits soins et discrétion. Cette maison organisée sur un pied tout nouveau à l'instar de la Turquie, se recommande tout particulièrement à l'attention du high life. On emploie toutes les langues. »

CRÊTE DE COQ
C'est pas bête, ça. Vous avez eu là une fière idée, patron.

MICHÉ
J'ai habillé mes femmes en turques. Voilà !

CRÊTE DE COQ
Une maison turque, on ne trouve pas ça tous les jours, et puis le bourgeois, c'est friand des turques.

MICHÉ
Sans cela, ma foi, je ne sais pas comment je m'en serais tiré.

CRÊTE DE COQ
Vous n'avez que trois femmes dans la maison.

MICHÉ

Une qui a perdu ses dominos.

CRÊTE DE COQ
L'autre qui tue les mouches et renverse les visiteurs.

MICHÉ
Il n'y a plus que Raphaële de présentable.

CRÊTE DE COQ
(soupirant) Ah ! Raphaële, aussi elle a été au poste toute la semaine.

MICHÉ
As-tu fini ?

CRÊTE DE COQ
Si vous croyez que c'est agréable de voir la femme qu'on aime…

MICHÉ
Tout ça c'est des bêtises, tu veux prendre ma suite, n'est-ce pas ? Eh bien, faut pas risquer à perdre ta situation par des sensibleries. Allons, je vais voir si elles s'habillent là-haut.
(Il sort.)

Scène II

CRÊTE DE COQ

(seul) Raphaële ! (il brosse le canapé.) Allons bon, encore une tache que je n'avais pas vue (il prend une cuvette sur le canapé et frotte la tache.) Ah ! putains ! Va, elles pourraient pourtant bien faire attention. En voilà une qui ne s'est pas servie de capote. Mais, c'est vrai en ai-je pour ce soir ? (il ouvre un tiroir et en sort une poignée de capotes.) Trois heures (il compte doucement) une, deux, trois (il en trouve une pleine de sang.) Ah ! je ne pourrai jamais nettoyer celle-là, six… sept,… dix, huit… En voilà une crevée.
(Il l'examine et souffle dedans.)
Ah malheur !… si elle a servi à Blondinette, en voilà un de pincé.
(Il souffle dans une autre.)
Ah ! celle là pourra resservir. Je crois que ce sera la dernière fois par exemple. Allons, nettoie, lave, brosse, frotte, savonne. Qui l'eut dit il y a cinq ans lorsque j'étais au séminaire. Ah ! misérable créature, qu'as-tu fait de moi ! Pourquoi le Ciel a-t-il voulu que je rencontrasse cette maudite petite blanchisseuse qui repassait alors mes surplis, et, grâce à laquelle j'en suis réduit maintenant à repasser des capotes. Sale métier, va ! les femmes, jusqu'où nous font-elles tomber !… Je ne pourrai jamais détacher celle là. Il est vrai qu'elle est encore plus bas que moi. Ah ! Raphaële, elle vit là dedans, sans remords et sans regret du passé. Et je l'aime toujours pourtant… En voilà une que j'ai oubliée. J'ai des distractions aujourd'hui. Malheureux Crête de Coq ! Elles m'ont nommé Crête de Coq, les gueuses. S'appeler Crête de Coq, quand je devrais aujourd'hui m'appeler l'Abbé Lecoq ! Ah ! les femmes, les femmes !

Scène III

Crête de Coq – Un vidangeur

CRÊTE DE COQ
(au vidangeur) Qu'est-ce que vous voulez ?

LE VIDANGEUR
Je viens pour vider les caca, les cabinets… Je suis le vi… le vi… le vi…

CRÊTE DE COQ
Quel vit ?

LE VIDANGEUR
Le vidangeur.

CRÊTE DE COQ
C'est pas l'heure.

LE VIDANGEUR
C'est tou… toujours à cette heure qu'on… à cette heure qu'on les vide.

CRÊTE DE COQ
Pas ici, puisqu'on travaille la nuit.

LE VIDANGEUR
Je vais attendre qu'on ait fini le tra… tra… le travail.

CRÊTE DE COQ

Allez-vous en. C'est impossible. Allons, foutez-moi le camp, vous m'emmerdez.

LE VIDANGEUR
(en colère) Non, Monsieur, je n'emmé… merde pas… Au con… au con… au contraire, je désemmerde ! Je désemmerde !

CRÊTE DE COQ
Vous verrez, Monsieur, tout à l'heure. Allez vous en.

(Le vidangeur sort.)

Scène IV

Crête de Coq – Miché – Monsieur et Madame Beauflanquet
MICHÉ
(saluant cérémonieusement) Parfaitement, Monsieur. Mais à qui ai-je l'honneur de parler ?

MONSIEUR BEAUFLANQUET
Monsieur Beauflanquet, Maire de Conville, et Madame Beauflanquet, mon épouse.

MICHÉ
C'est bien vous, qui venez de la part de Monsieur Léon. Je vous assure que vous ne regretterez pas d'être descendus dans ma maison.

MONSIEUR BEAUFLANQUET
Nous espérons, Monsieur, être descendus dans un bon hôtel. Donnez-nous une belle chambre, deux lits et un cabinet de toilette.

MICHÉ
Oui, Monsieur, n'ayez pas peur.

MONSIEUR BEAUFLANQUET
La maison est tranquille n'est-ce pas ?

MICHÉ
Très tranquille. Vous pouvez dormir sur les deux oreilles.

MADAME BEAUFLANQUET
Ah ! mon ami, je crois que Léon a très bien fait de nous envoyer ici.

MICHÉ
(à Crête de Coq) Conduis Madame et Monsieur à la chambre jaune.

(Ils sortent.)

Scène V

Miché – Le vidangeur

MICHÉ
Qu'est-ce que vous demandez ?

LE VIDANGEUR
Je veux la clé, clé… la clé au…

MICHÉ
Qui ? Cléopâtre ? Elle est à Saint-Lazare.

LE VIDANGEUR
Non, la clé au caca, aux ca… cabinets…

MICHÉ
Mais, mon brave homme, vous reviendrez à quatre heures du matin, ce n'est pas à cette heure qu'on peut vider ça ici.

LE VIDANGEUR
C'est qu'à cette heure-là, je serai pas occu… occu… occupé.

MICHÉ
Bon, vous reviendrez, allez…

LE VIDANGEUR
Faire aller les gens… gens comme ça. Si c'est pas à faire pi… pi… pitié.

(Miché le pousse et le vidangeur sort.)

Scène VI

Miché – Crête de Coq

MICHÉ
(sentant sa main) Pouah ! Pouah ! faut-il qu'il y ait des gens assez peu dégoûtés pour faire des métiers pareils.

CRÊTE DE COQ
(entrant) Qu' qu' ça veut dire tout ça ? Quels sont les gens que je viens de conduire ?

MICHÉ
C'est un bourgeois que Monsieur Léon m'envoie à cause de la bourgeoise qu'il veut baiser.

CRÊTE DE COQ
Il a bien une tête de cocu le Monsieur. Mais comment allez-vous arranger ça vous ? Faut prendre garde à la rousse.

MICHÉ
Je m'en fous pas mal. Je ferai payer le mari et l'amant, le reste ne me regarde pas. Ma foi, c'est une bonne affaire.

(Il se frotte les mains)

CRÊTE DE COQ

Quel homme heureux ! Il vit là dedans comme un poisson dans l'eau.

MICHÉ
Qu'est-ce que tu parles de poisson ? toi. Pas de plaisanterie. S'il vous plaît, Monsieur Crête de Coq.

CRÊTE DE COQ
Moi, Monsieur, rien (à part) on ne parle pas de corde dans la maison d'un pendu.

Scène VII

Miché – Crête de Coq – Léon

LÉON
Bonjour, Miché.

MICHÉ
Monsieur Léon, votre serviteur.

LÉON
Vous avez dû recevoir un Monsieur et une Dame que j'ai envoyés chez vous. Vous trouverez bien un moyen d'entortiller le mari.

MICHÉ

Ah ! ah ! je vous vois venir. Vous êtes encore un mari vous. Mes compliments. Pas mal... la bourgeoise.

LÉON
Que voulez-vous ? Je sais bien que c'est raide de l'envoyer ici. Mais j'ai une envie folle de coucher avec elle, je n'ai pas d'autres moyens d'y arriver... Votre complaisance est bien rémunérée.

MICHÉ
Oh ! comptez sur moi ! Je ferai mon possible, tout en regrettant que mon établissement ne vous suffise pas.

LÉON
Vos femmes sont charmantes, mais une femme du monde ! Voyez-vous, c'est autre chose. Cette femme qui se donne, se livre, qui vous appartient tout entière. Voilà la femme comme je voudrais en posséder une.

MICHÉ
Bougre ! Il vous faut du soigné à vous. On vous en foutra des bourgeoises. Enfin je suis votre homme.

LÉON
Si ça réussit, vous savez, donnant donnant... Maintenant faites moi monter une bouteille de champagne et un poulet froid, car je crève de faim.

MICHÉ
Bonne affaire.

(Léon et Crête de Coq sortent.)

Scène VIII

Miché – Un bossu

MICHÉ

Connaissez-vous une de ces dames ?

LE BOSSU

Non Monsieur. Mais je ne demande pas mieux que de faire connaissance.

MICHÉ

Je vais faire descendre ces dames.

(Il sort.)

Scène IX

LE BOSSU

Le bordel, il n'y a que ça de vrai, d'abord. Les femmes du monde, j'en ai goûté, mais n'en faut plus. Quand on est empêtré d'une, on ne peut plus s'en débarrasser, et puis avec ces mijorées, faut un tas de façons, faut

payer de sa personne. Moi, j'aime pas me mettre en habit noir. Et puis, faut prendre un tas de précautions pour pas les compromettre, sans compter qu'il y a des jours où ça fait sa poire, tandis que ici les femmes sont toujours aussi aimables.
(Les femmes entrent.)

Scène X

Le bossu – Raphaële – Blondinette – Fatma
LES FEMMES
Bonjour, Monsieur.

LE BOSSU
Mesdames, je vous présente mes respects.

RAPHAËLE
Faites votre choix, Monsieur, nous sommes très aimables, très polissonnes, très cochonnes.

LE BOSSU
Je n'en doute pas, Mesdames, je n'en doute pas. Rien qu'à vous voir, on le devine.

RAPHAËLE
Est-il assez mignon ce petit là ! Est-il assez gentil ! Allons décidez vous. Choisissez une de nous.

LE BOSSU

C'est que je suis très embarrassé pour choisir.

RAPHAËLE
À votre place je ne serais pas embarrassée.

LE BOSSU
Comment ça ?

RAPHAËLE
Je prendrais Raphaële.

LE BOSSU
Ah ! très joli… très joli…

RAPHAËLE
En attendant que tu choisisses, payes-tu quelque chose ?

LE BOSSU
Oh merci. J'ai pas soif. Je prends jamais rien entre mes repas.

FATMA
Est-il gentil cet amour là. Allons décide-toi mon Apollon.

LE BOSSU
Ah ! tu me fais rougir.

FATMA
Tu dois être de Chartres, toi.

LE BOSSU
Pourquoi ça ?

FATMA
Parce que tu es de la Beauce.

LE BOSSU
(piqué) Toi, tu dois être d'Asnières.

FATMA
Pourquoi ça ?

LE BOSSU
T'as bien sûr avalé un rat mort du Grand Collecteur.

FATMA
As-tu fini Chameau !

RAPHAËLE
Allons viens, mon bébé.

LE BOSSU
Toi, tu me chausses, t'as l'air bonne fille et puis t'as de ça.

RAPHAËLE
Et puis, j'ai des talents particuliers.

LE BOSSU
Ça, ça me botte, parce que j'aime la partie entière.

RAPHAËLE
Viens, tu me le mettras comme tu voudras.

LE BOSSU
Allons, allons, toi tu me débauches.

CRÊTE DE COQ
(entrant avec accablement) Toujours Raphaële ! (au bossu) Faut-il une sûreté ?

LE BOSSU
Oui, c'est jamais nuisible. (Il examine les capotes.)
CRÊTE DE COQ
Monsieur veut-il régler ? (Le bossu paye) Monsieur n'oubliera pas le garçon.

LE BOSSU
Sois tranquille, j'oublierai jamais ta physionomie.

(Il sort avec Raphaële.)

(Crête de Coq fait un mouvement désespéré.)

Scène XI

Miché – Crête de Coq – Fatma – Blondinette – Madame Beauflanquet

CRÊTE DE COQ
(versant l'argent dans les mains de Miché) Une passe à Madame Raphaële.

MADAME BEAUFLANQUET (qui entre) Il me semble que j'ai entendu la voix de Monsieur Léon.

MICHÉ
Oui, Madame, il vient d'arriver et je crois qu'il sera bien aise de vous voir.

MADAME BEAUFLANQUET
Mon mari, pendant que je déballais mes effets, s'est couché et s'est endormi, je vais le réveiller pour qu'il voit son cousin.

MICHÉ
Ce n'est pas la peine, je vais y aller.

MADAME BEAUFLANQUET
(apercevant Fatma et Blondinette) Ah ! ces dames, quel singulier costume !

MICHÉ
(se grattant l'oreille « à part ») Ah diable ! (haut) Oui, Madame je vais vous expliquer. Ces dames font partie de l'Ambassade Turque, Son Excellence Monseigneur l'Ambassadeur a bien voulu me confier la garde de son harem.

MADAME BEAUFLANQUET
Ah ! ce sont des dames turques et elles parlent.

MICHÉ
Elles emploient toutes les langues (à part) Hum ! (haut) Ah ! pardon elles parlent le français comme vous et moi.

CRÊTE DE COQ

(entrant) Monsieur Miché, le bossu se dispute avec Mademoiselle Raphaële.

MICHÉ
Ah ! l'asticot ! là, attends moi.

(Il frappe sur ses bras et sort.)

Scène XII

Raphaële – Fatma – Blondinette – Madame Beauflanquet – Crête de Coq
RAPHAËLE
(entrant « à elle-même ») Cet animal là sous prétexte qu'il a déchargé dans sa culotte, il ne voulait pas me donner mes gants. (Elle met son argent dans son bas. Elle aperçoit Madame Beauflanquet) Tiens une nouvelle (Madame Beauflanquet la salue) As-tu fini tes manières !

MADAME BEAUFLANQUET
Mesdames, j'avais beaucoup entendu parler de l'intérieur des harems, mais je n'avais jamais eu l'occasion d'en visiter.

RAPHAËLE
Ah ! c'est la première fois que vous entrez dans une maison.

MADAME BEAUFLANQUET
Turque… oui. Madame.

RAPHAËLE
Cependant vous avez souvent vu du monde.

MADAME BEAUFLANQUET
Ah ! oui. Madame.

RAPHAELE
Vous avez fait toutes les positions ?

MADAME BEAUFLANQUET
Non, Monsieur Beauflanquet n'en a jamais changé.

RAPHAËLE
Qui ça Beauflanquet ? Connais pas ce maquereau-là.

MADAME BEAUFLANQUET
Maquereau. Ce doit être un titre turc.

RAPHAËLE
Faites-vous bien feuille de rose ?

MADAME BEAUFLANQUET
Feuille de rose ! (à part) ah oui des confitures de Turquie (haut) je n'en ai jamais mangé.

(Les femmes se mettent à rire)

FATMA
Elle ne connaît pas feuille de rose ! Qu'est-ce qu'elle fait alors ?

RAPHAËLE
Et petit salé alors ?

MADAME BEAUFLANQUET
Ah ! ça oui.

RAPHAËLE
Vous connaissez la levrette ?

MADAME BEAUFLANQUET
Oui.

RAPHAËLE
Le postillon – le gamin – soixante-neuf – la paresseuse – la brouette ?

MADAME BEAUFLANQUET

(étonné) Oui, je connais ces choses (à part) quelles drôles de question font les femmes de Turquie. On m'avait dit aussi que les odalisques étaient d'une ignorance.

RAPHAËLE
Elle me va cette petite femme là. Aimez-vous à bouffer le chat ?

MADAME BEAUFLANQUET
Oh ! j'adore les chats.

RAPHAËLE
Ah ! bien puisque nous avons les mêmes goûts, je vous offrirai le mien.

MADAME BEAUFLANQUET
Je ne demande pas mieux. Je suis très privée quand je n'en ai pas.

RAPHAËLE
(la caressant) Nous nous entendrons très bien, ma mignonne.

MICHÉ
(entrant avec Crête de Coq) Madame, Monsieur Léon vous attend.

MADAME BEAUFLANQUET Et mon mari !

MICHÉ
Ne vous inquiétez pas, je l'ai prévenu.

(Madame Beauflanquet et Crête de Coq sortent.)

Scène XIII

Raphaële – Miché – Fatma

MICHÉ
Allons, mes enfants, il s'agit aujourd'hui de vous signaler. Je livre une bataille et je ferai donner ma vieille garde.

FATMA
Ah ! bien vous êtes poli, vous.

MICHÉ
Faites pas attention. C'est un à-propos historique. Allons écoutez-moi, il y a ici un particulier que je suis chargé d'occuper pendant une heure ou deux. S'il vient à fourrer son vilain museau par ici, tâchez de me le travailler proprement ; faut pas qu'il sorte ; il y a gros à gagner pour tout le monde, et s'il fait le méchant, on s'en charge.

RAPHAËLE
Soyez tranquille.

CRÊTE DE COQ
(entrant) Y a du monde. C'est le Capitaine.

Scène XIV

Les mêmes – Le Capitaine

MICHÉ
Allons placez vous, mes enfants. Un petit tableau là bien réussi.

LE CAPITAINE
Eh bien ! les enfants et le service. On est toujours solide au poste.

RAPHAËLE
Toujours Général.

LE CAPITAINE
(faisant un geste d'escrime) Est-on prêt pour un petit assaut ?

RAPHAËLE
(imitant son geste) Certainement Général, à vous l'honneur.

LE CAPITAINE
Je n'en ferai rien.

RAPHAËLE
Par obéissance.

LE CAPITAINE
Fendez-vous (Les femmes l'entourent et le pelotent.) Allons finissons, vous savez bien que je n'aime pas ces manières-là. Je n'ai pas besoin d'être excité, moi ; je ne suis pas comme vos blancs becs et vos petits crevés.

FATMA
Allons, Général, choisissez.

LE CAPITAINE
Voyons, formons les rangs (élevant la voix.) Garde à vous, peloton.

RAPHAËLE
Pelotez, Général.

LE CAPITAINE
Toujours spirituelle cette belle. À droite alignement, fixe. Peloton, tour droite – Beau cul la première – Peloton tour droite – Numéro 1 trois pas avant, marche.

RAPHAËLE
(fait trois pas en avant) Merci du choix, mon Général.

CRÊTE DE COQ
(à part) Encore Raphaële ! (au Capitaine) Le mot de passe, mon Général (Le Capitaine paie.) Voulez-vous un fourreau pour votre sabre ?

LE CAPITAINE
(refusant une capote que lui offre Crête de Coq) Jamais. Est-ce que je me sers de cette machine là ! Est-ce qu'on met son sabre au fourreau pour aller à la charge ?

CRÊTE DE COQ
(à part) À la décharge.

Scène XV

Fatma – Blondinette – Crête de Coq – Miché
CRÊTE DE COQ
Une passe à Madame Raphaële.

MICHÉ
Elle travaille bien, Raphaële.

FATMA
A-t-elle de la chance, cette grue-là !

BLONDINETTE
Il n'y en a que pour elle.

FATMA
On peut pourtant se vanter de travailler aussi bien.

CRÊTE DE COQ
Est-ce qu'il y en a une de vous qui peut la dégoter ?

FATMA
On dirait qu'on la prend au poids, cette vache là, elle ferait mieux de se montrer à la foire.

CRÊTE DE COQ

Tais-toi, avec tes salières et tes jambes de pincettes, toi quand t'embrasses les gens, ils croient recevoir des coups de bâton.

MICHÉ
Allons, est-ce fini tout ça ? Si je n'avais que vous, je serais frais ; il n'y a qu'elle qui fasse aller les affaires ici.

CRÊTE DE COQ
Monsieur rend justice au mérite.

FATMA
Eh ! va donc veau.

CRÊTE DE COQ
Quand tu auras autant de talent qu'elle, tu pourras parler.

FATMA
Des talents ? Comme si on avait à m'en remontrer.

CRÊTE DE COQ
Je sais bien que tu as pour toi l'expérience de l'âge, tu as peut-être couché avec Mathusalem.

MICHÉ
Allons, taisez-vous, est-ce fini ce chahut là ?

FATMA
C'est lui qui m'engueule ct'égoutteur de goupillon.

MICHÉ
(à Fatma) Veux-tu bien te taire.

CRÊTE DE COQ
Pourquoi débine-t-elle Raphaële, cte sale garce ?

MICHÉ
(à Crête de Coq) Est-ce fini !

FATMA
Faudra-t-il pas prendre des gants pour parler de ta foutue rouchie ?

CRÊTE DE COQ
(furieux) Répète ça, je te fous mon poing sur la gueule.

FATMA
Toi ?

CRÊTE DE COQ
Oui, moi.

MICHÉ
(les séparant) Voyons, j'vas vous régler bougre d'arsouilles.

CRÊTE DE COQ
Monsieur a raison. La colère est mauvaise conseillère, elle vous fait perdre la tête. C'est ma faute après tout et je confesse mes torts humblement, car c'est moi qui devrais donner le bon exemple ici. Fatma, veux-tu me donner la main ? Sachons pardonner les offenses et n'oublions

pas qu'il ne faut jamais faire à autrui ce qu'on ne voudrait pas qu'il nous fît. Au lieu de médire de notre prochain, efforçons nous…

FATMA
(riant) Allons, zut ! Voilà l'abbé qui prêche. Merde.

MICHÉ
Attention, on entre.

Scène XVI

Les mêmes – Raphaële – Un Marseillais

RAPHAËLE
(rentrant) À la bonne heure ! V'là un homme que j'aime ; il vous fait ça en deux temps.

UN MARSEILLAIS
(entrant) Et bonjour mes toutes belles.

LES FEMMES
Entrez donc, très aimables, très polissonnes, très cochonnes.

LE MARSEILLAIS
Eh ! ze sais bien que vous zêtes là pour ça, troun de l'air. Il ne manquerait plus que vous nè zoyez coçonnes, et autremain perzonne ne viendrait vous voir, pécaïre.

(les Femmes l'entourant)

RAPHAËLE
Choisis mon petit chéri.

LE MARSEILLAIS
Eh ze zais bien. Et comment voulez-vous que zé zoizisse, vous zètes toutes merveilleusement belles. Je suis très zembarrassé troun de l'air, vous zétes toutes çarmantes.

RAPHAËLE
Moi à votre place je ne serais pas embarrassée.

LE MARSEILLAIS
Et ques aco ?

RAPHAËLE
Je choisirai Raphaële.

LE MARSEILLAIS Raphaële, c'est vous, je parie ; ze demande à voir les pièces.

RAPHAËLE
Venez-vous.

LE MARSEILLAIS
Et qu'est-ce que tu veux que ze fasse de ça ? Ze ne pourrai seulement pas y fourrer mon petit doigt. À la bonne heure à Marseille pécaïre ! Vous ne connaissez pas la Canebière. C'est là qu'il y a de belles femmes.

Elles vous zen ont de grandes comme mon chapeau. Troun de Dieu ! Et à la bonne heure on peut foutre là dedans.

MICHÉ
Allons, blagueur, on la connaît la Canebière, comme s'ils étaient plus forts que d'autres les vits marseillais !

LE MARSEILLAIS
Les vits de marseillais, mon bon ! C'est comme le beaupré d'un navire. Eh couillon ! Que je ne vous plaindrais pas si vous en aviez un entre les fesses, troun de l'air !

MICHÉ
Moi non plus.

LE MARSEILLAIS
Sans compter que vous en auriez un fameux cul pour le recevoir ! Un vit de Marseillais, tenez, moi qui vous parle, quand je bande, ze suis terrible, et ze bande toujours. Une fois, mon bon, zavais coucé avec une femme, la malheureuse, ze la fous, ze la bifous, ze la trifous, ze la refous, et quand zai eu fini, à la dizoutième fois, sans débrider, couillon, je m'aperçois qu'elle était morte. Mon vit lui avait percé le vaintre, et le médecin, qui a constaté le décès, a reconnu qu'elle avait été étouffé par mon vit qui lui était entré dans la gorge.

FATMA
Eh bien merci, tu peux te fouiller que je baise avec toi.

MICHÉ

(blaguant) Eh bien, et moi, et bibi, dans un incendie un jour je monte au quatrième étage d'une maison qui était en feu. Il y avait quatre personnes à sauver. Je mets le mari sur mon dos, je prends le père de la main droite, la mère de la main gauche, restait la femme, comment faire ? Je te la fous à cheval sur mon vit, et en descendant l'escalier, sans m'arrêter, je la baise quatre fois, une fois à chaque étage.

CRÊTE DE COQ
Tiens, Monsieur, il bande comme l'obélisque.

LE MARSEILLAIS
L'obélisque ! ze lui rendrais des points, pécaïre ! une fois même que je devais me marier.

RAPHAËLE
Ah ! vous êtes marié.

LE MARSEILLAIS
Oh ! zai le bonheur d'être veuf. Ma future me donnait de telles tentations tout le temps que ze lui faisais la cour que quand, rentré dans ma chambre le soir, ze voulais pisser dans mon pot, impossible, mon vit restait en l'air. Z'aurais mouillé tout le plafond, c'était zénant, qu'est-ce que vous z'auriez fait vous ?

CRÊTE DE COQ
Moi je sais pas.

MICHÉ
J'aurais pissé par la fenêtre.

LE MARSEILLAIS

Et les voisins pécaïre ! Moi, ze mettais mon vit dans la ceminée et ze pissais par dessus les toits troun de l'air !

MICHÉ

Eh bien ! je vais vous en montrer un comme vous n'en avez jamais vu. C'est le vit de mon grand'père que j'ai fait empailler. C'est tout ce qu'il m'a laissé, et vous verrez comme on est membre dans ma famille. (à Crête de Coq) Va, découvre l'objet.

(Crête de Coq ouvre les rideaux du fond. On aperçoit un immense vit en carton accroché au mur)

LE MARSEILLAIS

Ah ! z'avoue que je n'en ai jamais vu de pareils. Et quand il bandait il devait être bien beau.

(Il salue le phallus)

MICHÉ

Mesdames, par la puissance de vos charmes rendez lui sa vigueur première.

(Les femmes font des passes avec des plumes de paon et dansent un pas d'almée autour du phallus, tandis que Crête de Coq par un mécanisme lui fait prendre la pose de l'érection.)

LE MARSEILLAIS

Ah ! ze n'y tiens plus ! viens bougresse !

CRÊTE DE COQ
Raphaële ! C'est impossible, il va la crever.

RAPHAËLE
T'es bête, j'en ai vu bien d'autres.

(Miché sort. Crête de Coq et les femmes veulent le suivre)
LE MARSEILLAIS
Bé ! Ze les prendrais bien toutes. (à Crête de Coq montrant le phallus.) Toi, reste, tu vas faire aller le roquentin. Vous les garces, faites moi un petit tableau là-bas.

(Il essaye de baiser Raphaële)

CRÊTE DE COQ
(faisant aller la manivelle) Ah ! malheur, quel supplice ! Ça me rappelle le temps où je sonnais les cloches ; ah ! Raphaële ! quel supplice ! Comme elle y va ! Et puis avec moi, elle ne voudra plus.

(Le Marseillais pète en baisant)

RAPHAËLE
Ce sacré Marseillais ! il blague toujours.

LE MARSEILLAIS
Hé ! tou me fais rire, ze ne jouis pas.

RAPHAËLE
Allons donc !

LE MARSEILLAIS
Eh ! non, ze ne jouis pas. Ze ne sais comment ça se fait. C'est la première fois que ça m'arrive.

RAPHAËLE
Ce n'était pas la peine de blaguer tant.

(Elle se relève.)

LE MARSEILLAIS
Eh ! ma bonne, on fait ce qu'on peut, pécaïre…

(Il regarde son vit.)

RAPHAËLE
Ce n'est pas naturel ça. Qu'est-ce que tu as, cochon ? Tu as la vérole.

LE MARSEILLAIS
Hé ! ce n'est rien, c'est de naissance.

CRÊTE DE COQ
(épouvanté lui apporte une cuvette) Allons bon, lave-toi bien vite.

LE MARSEILLAIS
Mesdames, je vous salue.

LES FEMMES
Et nos gants, nos gants.

LE MARSEILLAIS
Hé ! foutues garces que vous êtes, vous m'emmerdez, vous foutre de l'argent pour ne rien faire ! (au public) C'est la première fois que ça m'arrive. (Il se sauve.)
RAPHAËLE
Eh ! va donc couille molle ! Chameau de la Canebière.

Scène XVII

Miché – Monsieur Beauflanquet

MONSIEUR BEAUFLANQUET
Vous n'avez pas vu Madame Beauflanquet ?

MICHÉ
Pardon, Monsieur, elle était ici il n'y a qu'un instant. Elle est en ce moment dans les appartements particuliers de ces dames, qu'avec l'agrément de Son Excellence Monseigneur l'Ambassadeur de Turquie, je lui ai octroyé la permission de visiter.

MONSIEUR BEAUFLANQUET
(apercevant les femmes) Ah ! ces dames !

MICHÉ
Le harem de Son Excellence !

MONSIEUR BEAUFLANQUET
Ah !

MICHÉ
Je vais vous dire, les appartements de l'ambassade n'étant pas encore disposés, Son Excellence m'a chargé de la garde de son harem.

MONSIEUR BEAUFLANQUET
Mesdames, je suis vraiment confus, je ne m'attendais pas à cette heure avancée à rencontrer l'honneur de votre Compagnie. Excusez, je vous prie, l'irrévérence de mon vêtement.

(Il est en robe de chambre.)

MICHÉ
Pas du tout, Son Excellence n'est jamais plus couverte que cela, et souvent elle l'est moins.

MONSIEUR BEAUFLANQUET
(minaudant) Pour cela il faudrait avoir les privilèges de Son Excellence. Il est vrai que je ne demande pas mieux.

RAPHAËLE
(riant) Demande, mon chouchou.

MONSIEUR BEAUFLANQUET
(stupéfait) Hein ?

MICHÉ
Ne vous étonnez pas, Monsieur. Vous comprendrez que ces dames qui n'ont jamais en fait vu d'homme que Son Excellence, soient accoutumées à une certaine liberté de propos et d'allures qui est sans inconvénient en pareil cas.

MONSIEUR BEAUFLANQUET
C'est vrai (avec épouvante) mais je me suis laissé dire qu'on tranchait impitoyablement la tête de tout individu qui entrait dans un harem. Croyez bien, Monsieur que c'est absolument par mégarde que je l'ai fait. (Il veut se retirer.)
MICHÉ
Oui, Monsieur, cela se fait en Turquie, mais en France on est moins féroce. D'ailleurs, comme ces dames sont exclusivement confiées à ma garde, c'est moi que ce soin concerne. C'est la première fois du reste que ce cas se présente et grâce à votre générosité, je serai moins sévère.

MONSIEUR BEAUFLANQUET
Mais, si vous en parliez. Qu'arriverait-il ?

MICHÉ Vous seriez abandonné à la vengeance des autorités turques.

MONSIEUR BEAUFLANQUET
Et qu'est-ce qu'elles feraient les autorités turques ?

MICHÉ
Elles vous trancheraient la tête, Monsieur.

MONSIEUR BEAUFLANQUET

(à part) Ah ! diable.

(Il glisse deux louis à Miché qui s'incline profondément.)
MICHÉ
Si vous désirez, Monsieur, causer particulièrement avec ces dames, je vous laisserai un instant seul avec elles, je suis aveugle et muet.

MONSIEUR BEAUFLANQUET
Vous êtes trop bon, Monsieur. Je serai véritablement heureux de connaître les détails de la vie dans un harem (à part) Comme c'est bien turc ce costume-là. Ce n'est pas en France qu'on trouverait ça.

MICHÉ
Si vous désirez quelques rafraîchissements, vous sonnerez, je me retire.

MONSIEUR BEAUFLANQUET
Qu'est-ce qu'elles ont l'habitude de boire ces dames ? Ce doit être des sirops à l'essence de fleurs.

MICHÉ
Précisément. (à Crête de Coq) Sers trois bocks et un verre de schnick pour Raphaële.

CRÊTE DE COQ
On y va boum !

(Il sort avec Miché.)

Scène XVIII

Les femmes – Monsieur Beauflanquet

MONSIEUR BEAUFLANQUET
Mesdames, je vous prie de croire que jamais serviteur plus empressé et plus respectueux ne s'est incliné devant vous.

RAPHAËLE
Toi, t'es bien gentil, mais t'as l'air bête. Allons, mets toi là. Qu'éque tu veux qu'on te fasse ?

MONSIEUR BEAUFLANQUET
(assis entre Raphaële et Fatma) C'est un bien beau pays que la Turquie avec ses tours, ses minarets, ses harems, ses forêts vierges.

RAPHAËLE
De quoi ! des vierges, tu ne trouveras pas ça ici, mon vieux.

MONSIEUR BEAUFLANQUET
(minaudant) Il paraît que Son Excellence l'Ambassadeur a bien défriché ses bois, c'est une belle place ça ambassadeur ; moi je suis Maire de Conville.

FATMA
Comment dites-vous ça ?

MONSIEUR BEAUFLANQUET

Maire de Conville, en Normandie, c'est comme qui dirait dans votre pays pacha. Oui, c'est ça pacha de Conville, pacha.

RAPHAËLE

Qu'est-ce que tu veux faire ? Si tu n'aimes pas le chat, faut-il te tailler une plume ?

(Raphaële le pelote d'un côté et Fatma de l'autre.)
MONSIEUR BEAUFLANQUET
(à part, faisant des petits sauts) Quelle aventure ! il me paraît qu'elles me trouvent bien. (haut) Ah ! Mesdames je suis… (à part) elles sont enragées ces turques !

CRÊTE DE COQ
(entrant avec les consommations et sur le point de laisser tout tomber) Encore Raphaële ! je ne m'y accoutumerai jamais !

(Il dispose ses verres sur la table et se sauve.)
MONSIEUR BEAUFLANQUET
(se relevant) Ah ! Mesdames, après cela on peut bien… (Il saisit Raphaële qui se met en levrette.) Je commets un adultère, mais bah ! une turque.

CRÊTE DE COQ
(sur la porte) Attention ! Vla quelqu'un.

(Monsieur Beauflanquet se relève d'un bond et se sauve déculotté.)

Scène XIX

Les femmes – Un jeune homme – Crête de Coq
LES FEMMES
Entre donc mon petit mignon, mon bébé, mon petit chéri, très polissonnes, très cochonnes, entre donc mon petit chéri, entre donc.

CRÊTE DE COQ
Entrez donc, Monsieur, ces dames sont très aimables.

LE JEUNE HOMME
(restant à la porte) J'entrerai, si je veux, laissez-moi donc tranquille.

LES FEMMES
Très polissonnes, très cochonnes.

CRÊTE DE COQ
Entrez donc, Monsieur, vous serez bien content.

LES FEMMES
Très polissonnes. Entrez donc, mais entrez donc.

(Le jeune homme s'en va sans rien dire.)

LES FEMMES
(toutes ensemble) Eh bien ! va chier !

MICHÉ
(entrant) Eh bien ?

CRÊTE DE COQ
Il est parti.

MICHÉ
Qu'est-ce qui m'a foutu des garces comme ça, vous laissez partir les gens, maintenant. Eh bien, ça va mal.

CRÊTE DE COQ
Voilà un militaire ; faut-il le laisser entrer ?

MICHÉ
Faut voir. Il a peut-être le sac. Essayez toujours et tâchez d'être plus à la coule.

Scène XX

Les femmes – Crête de Coq – Un sapeur

LE SAPEUR
Voulez-vous monter ?

LES FEMMES

Qui ça ? Moi ? Moi ? Choisissez bel homme, très polissonnes, très cochonnes.

LE SAPEUR
Ah ! que je me fous de choisir. Pour ça une vaut l'autre.

RAPHAËLE
C'est égal, choisissez mon beau blond, prenez Raphaële.

FATMA
Prenez Fatma.

BLONDINETTE
Prenez Blondinette.

LES FEMMES
Très polissonnes, très cochonnes.

LE SAPEUR
Que ça m'est égal, itérativement.

RAPHAËLE
Eh ! tu nous couillonnes !

LE SAPEUR
Oh ! non vu que les femmes elles ne sont pas subreptibres de la couillonnade subséquemment.

RAPHAËLE

Allons, viendrez-vous ?

LE SAPEUR
Que si vous voulez monter, la grosse, que je serai votre Cupidon.

CRÊTE DE COQ
Toujours Raphaële ! Militaire, il faut payer avant.

LE SAPEUR
Voilà, voilà. (Il tire son mouchoir et prend l'argent dans un coin.)
CRÊTE DE COQ
Allons, militaire.

LE SAPEUR
Que j'obtempère à votre demande itérativement. Que voilà vingt sous.

CRÊTE DE COQ
Vingt sous ! vous vous foutez de nous.

LE SAPEUR
Qu'il y a dix sous pour la maison et dix sous pour la fille.

CRÊTE DE COQ
Mais ici, c'est cinq francs pour la maison.

LE SAPEUR
Cent sous pour la maison, macache ! Mais à Courbevoie que c'est dix sous pour la maison et qu'on donne si on veut, à la fille toujours aimable avec les sapeurs subséquemment.

CRÊTE DE COQ
Enfin ici c'est cinq francs.

LE SAPEUR
Que je suis dépourvu de ce numéraire, itérativement, rendez-moi mon argent.

CRÊTE DE COQ
Les voilà vos vingt ronds.

LE SAPEUR
Que vous n'auriez pas un bidon, un vase, dans lequel on urine pendant la nuit.

CRÊTE DE COQ
Un pot de chambre. Voilà !

LE SAPEUR
(à Raphaële) Que vous seriez aimable pour pisser quelques gouttes dans le vase.

RAPHAËLE
Pourquoi ça ? (elle pisse) Voilà.

(Le sapeur prend le vase et s'apprête à déboutonner sa culotte.)
RAPHAËLE
Il va se branler dedans.

LE SAPEUR
Que je vais lui faire boire le bouillon puisque la viande, elle est trop chère subséquemment.

CRÊTE DE COQ
Allons, laissez ça, sortez d'ici, si vous ne voulez pas payer.

LE SAPEUR
Cent sous, macache ! C'est trop besef.

(Il sort.)

Scène XXI

Miché – Les femmes – Crête de Coq

MICHÉ
Eh bien ! qu'est-ce qu'il y a ?

CRÊTE DE COQ
C'est un militaire qui ne voulait payer que dix sous comme à Courbevoie (à part) dix sous Raphaële ! !

RAPHAËLE
(à Miché) Monsieur, pouvons nous remonter cinq minutes dans nos chambres ?

MICHÉ
Allez dans vos chambres, si vous voulez, mais soyez prêtes à descendre aussitôt qu'on voudra.

(Elles sortent suivies de Crête de Coq.)

Scène XXII

MICHÉ
(seul) Encore une tape ! Ça ne va pas ce soir. Si je n'avais pas l'affaire de Monsieur Léon, je ne ferai pas mes frais. Celle là c'est une bonne affaire. S'il y en avait souvent de pareilles, je ne tarderais pas à me retirer à la campagne. Quand j'aurai le sac j'achèterai une petite Maison à Bezons et je canote tout le temps, je ne vis que sur l'eau, ça me changera.

Scène XXIII

Miché – Un Anglais

L'ANGLAIS
Bonjour, Monsieur.

MICHÉ

(à part) Ah ! un Anglais, bonne affaire.

L'ANGLAIS
Je désire visiter l'établissement de vô.

MICHÉ
À votre service, Monsieur.

L'ANGLAIS
Je venai voir votre Muséum.

MICHÉ
Hein ?

L'ANGLAIS
Le Muséum.

MICHÉ
Mais, Monsieur, je n'ai pas de Musée.

L'ANGLAIS
Vous êtes bien Monsieur Miouchett.

MICHÉ
Miché.

L'ANGLAIS
Oh yes ! very good, Miché. Je venai voir votre Miousée de cire des figioures de femme acciouchant, des petites fesons dans l'alcool. Des amis

à moa très bons garçons, très rigolos, avaient dit que c'était chez vô, Monsieur Miouchett.

MICHÉ
Miché !

L'ANGLAIS
Oh yes, very good, Miché.

MICHÉ
(à part) Oh quelle idée ! (haut) je vais vous dire. J'ai bien un musée de cire, mais il n'est pas encore déballé.
L'ANGLAIS
Déballé.

MICHÉ
Oui, préparé, disposé, cela va demander un peu de temps.

L'ANGLAIS
Oh ! je été pas pressé.

MICHÉ
Et puis cela va occasionner des frais. Je ne puis vous le montrer que si vous êtes généreux.

L'ANGLAIS
Oh ! je paierai à vô, ce que vô voudra. Tenez (il tire de l'argent de sa poche – Miché le prend.) Aoh ! ça été cher (à part) Mais je verrai. En France je voye toujours ce que je voulé ; ce été cher, mais jé voyé.

MICHÉ
Eh bien. Si vous voulez entrer dans le petit salon, je vous appellerai quand tout sera prêt.

L'ANGLAIS
All right. Merci, Monsieur Miouchett.

MICHÉ
Miché.

L'ANGLAIS
Oh yes. Very good, Miché.

Scène XXIV

Miché – Les femmes

MICHÉ
Il y a gros à gagner. J'ai là un Anglais qui veut absolument que je lui montre un musée de cire. Placez vous sur les canapés et les chaises et surtout ne bougez pas ; fixes et immobiles.

(Il les place en leur faisant prendre les poses de figures de cire dans un Musée anatomique.)
Là comme ça. Bien. Ne bougez plus. Je vais le chercher.

Scène XXV

Les mêmes – L'Anglais

L'ANGLAIS
(examinant les femmes) Aoh ! ce été très joli, très joli, très, très natiourel, très natiourel, all right, all right.

MICHÉ

Toutes les figures sont moulées sur nature. C'est la représentation exacte du corps humain, vous pouvez voir, rien n'y manque.

L'ANGLAIS
(regardant de près Raphaële) Oh ! yes (s'éloignant) Elle avait même le odeur.

RAPHAËLE
(à part) Je crois bien, j'ai pété.

MICHÉ
Si vous désirez le catalogue, c'est cinq francs en plus.

(L'Anglais donne cinq francs et tend la main pour recevoir le catalogue.)
MICHÉ

Seulement je vais vous le dire de vive voix parce que je ne l'ai pas encore fait imprimer. Tenez, voilà un très beau sujet. C'est une jeune femme morte au bal à l'âge de dix-huit ans, appartenant à une grande famille et se trouvant enceinte. Pour dissimuler sa grossesse, elle se serrait dans son corset. Cela a déterminé une lésion des intestins, et elle est morte un soir, comme je vous le disais, en sortant du bal.

L'ANGLAIS
(mélancolique) Aoh ! comme il disait votre grand poète, elle aimé trop le bal, ça été ce qui l'avait faire miourir ! Je désiré maintenant vois les accouchements.

MICHÉ
(à part) Ah diable ! (haut, montrant Raphaële) – Tenez voilà la pièce qui nous sert pour les démonstrations.

L'ANGLAIS
Mais je ne voyé pas le petit baby.

MICHÉ
Je vais vous dire. Mes pièces sont si bien faites qu'elles exécutent toutes les fonctions du corps au naturel. Ce sujet a accouché ce matin et il faut maintenant quelque temps pour préparer une nouvelle expérience.

L'ANGLAIS
All right ! on m'a dit que vous aviez dans votre miousee une pucelage.

MICHÉ
Oh ! je n'ai jamais eu ça ici.

L'ANGLAIS
Oh !

MICHÉ
Jamais

L'ANGLAIS
Alors je voulé voir les maladies de Vénus.

MICHÉ
Oh ! ça je puis vous le montrer. J'ai ça justement depuis hier (montrant Blondinette) Regardez, examinez, très beau modèle, toujours pris sur nature.

L'ANGLAIS
Aoh ! je n'aime pas cette. Mais vous n'avez pas aussi des pièces masculines ?

MICHÉ
Oui. J'en ai une très belle. Crête de Coq, montre l'objet. (Crête de Coq entre et ouvre le rideau du fond.) Voilà la pièce qui vous montre deux fois grossi le membre viril.

L'ANGLAIS
(dansant la gigue devant) Oh ! très joli, all right. Ah ! Monsieur Miouchett je été devenu très amoureux. Est-ce que je ne pourrai pas faire le amour sur cette...

(Il désigne Raphaële.)

MICHÉ
Certainement. Seulement cela abîme toujours mes pièces et je ne peux le laisser faire que si je suis bien indemnisé.

(L'Anglais paye.)

CRÊTE DE COQ
Voulez-vous une capote anglaise ?

L'ANGLAIS
Oh non ! French kock coat ! Oh ! ce été pas la peine.

CRÊTE DE COQ
(riant) Faut toujours se méfier.

MICHÉ
Et puis comme ça vous n'abîmerez pas le sujet.

L'ANGLAIS
Aoh ! je le fesé par respect pour le art.

(Crête de Coq lui donne la capote tachée de sang)
L'ANGLAIS
Aoh ! pas cette.

(L'Anglais en prend une autre et monte sur Raphaële)
CRÊTE DE COQ
Bon. Encore Raphaële.

L'ANGLAIS
(baisant) Aoh ! très natiourel. All right, all right (se relevant) Aoh, je été très satisfaite. Je reviendrai Monsieur Miouchett.

MICHÉ
Miché.

L'ANGLAIS
Oh yes, very good Miché. Je reviendrai.

(L'Anglais sort, Miché aussi.)

Scène XXVI

Crête de Coq – Les femmes

CRÊTE DE COQ
Ah ! ma pauvre Raphaële, si tu savais quel coup ça vous donne de te voir toujours entre les bras de ces individus.

RAPHAËLE
(lui jetant sa capote au nez) Allons lave ça et tais-toi.

(Crête de Coq sort.)

Scène XXVII

Les femmes – Madame Beauflanquet

MADAME BEAUFLANQUET
Monsieur Beauflanquet ne m'a pas demandée ?

RAPHAËLE
Non, ma petite amie, vous pouvez être tranquille (aux autres) Ce n'est pas toi qu'il a demandée.

MADAME BEAUFLANQUET
(à part) Ah ! quelle misérable je fais ! Ah ! Léon ! Aussi c'est avec le champagne qu'il m'a troublé la tête. Pourvu que je ne rencontre pas mon mari ! il me semble que s'il me voyait en ce moment, il lirait tout dans mes yeux. J'ai les nerfs dans un état !

RAPHAËLE
Ah ! ma chère amie, que je suis aise de vous revoir ! Venez donc vous asseoir là, à côté de moi.

MADAME BEAUFLANQUET
Vous êtes trop aimable, Madame.

RAPHAËLE
Vous avez une taille charmante, et un pied adorable. Comment est le reste ? Vous n'êtes jamais venue à Paris ? Vous habitez toujours à la cam-

pagne ?

MADAME BEAUFLANQUET
Oui, Madame.

RAPHAËLE
Mais vous devez vous ennuyer là-bas. Que faites-vous toute la journée ?

MADAME BEAUFLANQUET
Je m'occupe de ma maison.

RAPHAËLE
(la pelotant tout doucement) Ça ne vous déplaît pas ce que je fais-là ?

MADAME BEAUFLANQUET
Ah ! ah ! ah ! ah !

RAPHAELE
Attends, je vais te faire jouir. (Elle la gamahuche. Madame Beauflanquet se pâme. Raphaële se retire.) Veux-tu m'en faire autant, dis ?

MADAME BEAUFLANQUET
Oh ! je n'ose pas. Il me semble que si les lumières étaient éteintes…

RAPHAËLE
(aux femmes) Voulez-vous éteindre les lumières.

(On éteint les lumières.)

Scène XXVIII

Les mêmes – Monsieur Beauflanquet puis Léon
MONSIEUR BEAUFLANQUET
Je suis dans une excitation ! si je retrouvais cette odalisque. (Il entre à tâtons – Mouvement parmi les femmes – Il trouve sa femme, l'embrasse et l'entraîne sur un canapé.)
MADAME BEAUFLANQUET
Ah ! Léon !

MONSIEUR BEAUFLANQUET
(avec éclat) Madame Beauflanquet !

MADAME BEAUFLANQUET
Mon mari ! ah !

(Mouvement. Elle rencontre Raphaële à tâtons.)
Ah ! sauvez-moi, sauvez-moi.

RAPHAËLE
Laissez faire (Elle cherche Monsieur Beauflanquet et l'attire dans ses bras.) Mais viens donc, pourquoi t'arrêtes-tu ? Qu'est-ce que tu as dit ?

MONSIEUR BEAUFLANQUET
C'est étonnant, je croyais que c'était ma femme.

(Il commence à baiser Raphaële sur le canapé. Léon qui est entré à tâtons pendant le mouvement rencontre Madame Beauflanquet dans l'obscurité.)

MADAME BEAUFLANQUET
(effrayée) Qui est là ?

LÉON
C'est moi, viens.

MADAME BEAUFLANQUET
Laissez-moi, laissez-moi.

(Léon l'entraîne sur le canapé et il la baise.)

Scène XXIX

Les mêmes – Miché

MICHÉ
(entrant) Qui est-ce qui a éteint les lumières, ici ? Vous savez bien que je n'admets pas ça. Crête de Coq, de la lumière !

(Crête de Coq entre avec un flambeau.)

MONSIEUR BEAUFLANQUET
Ma femme dans les bras de Léon !

MICHÉ
Bougre, ça se complique.

(Madame Beauflanquet s'évanouit.)

LÉON
(à Miché) Cinq louis pour vous si vous me tirez de là.

(Il se sauve)

MONSIEUR BEAUFLANQUET
(à sa femme) Ah ! Madame, cette conduite criminelle aura son châtiment.

MICHÉ
Son châtiment, Monsieur. Mais savez-vous bien que c'est vous qui méritez un châtiment. Songez à l'endroit où vous êtes, un harem, et à ce que vous venez d'y faire. Les lois turques m'y donnent tout pouvoir sur vous, et vous en connaissez la rigueur.

MONSIEUR BEAUFLANQUET
Mais pourtant, Monsieur…

MICHÉ
Si j'ai un conseil à vous donner dans votre intérêt, c'est d'éviter tout scandale, et d'étouffer cette affaire qui pourrait avoir pour vous les conséquences les plus graves et j'espère que vous saurez récompenser ma complaisance à votre égard.

MONSIEUR BEAUFLANQUET
(après avoir payé, à sa femme) Nous retournerons ce soir à Conville, Madame.

(Ils sortent.)

Scène XXX

Les mêmes moins Monsieur et Madame Beauflanquet – Le vidangeur
MICHÉ
Qu'est-ce qu'il veut encore celui-là ?

LE VIDANGEUR
(pochard) Je ne viens pas pour vider les ca... ca... les ca... cabinets, j'ai renoncé au mé... au métier.

(Chantant) « Et je suis dégoûté de la merde, Depuis que j'y ai trouvé un cheveu. »

MICHÉ
Qu'est-ce que vous demandez, alors ?

LE VIDANGEUR
Je veux une femme.

RAPHAËLE
Ah bien ! par exemple !

CRÊTE DE COQ
Il ne manquerait plus que ça.

FATMA
Baiser avec toi, jamais.

MICHÉ
Ça ne se peut pas. Allons, décampez.

LE VIDANGEUR
De quoi, mon ar… mon ar… mon argent ne vaut pas celle d'un autre !
(Il montre cent sous à Miché.)
MICHÉ
Dame, s'il paye.

RAPHAËLE
Moi, je n'en veux pas.

FATMA
Ni moi.

BLONDINETTE
Moi non plus.

RAPHAËLE
Il est trop dégoûtant.

MICHÉ
Trop dégoûtant ! tas de bégueules ! (au vidangeur) Je ne suis pas de cet avis là. Dites donc, l'ami, si vous vouliez que je fasse ça moi.

LE VIDANGEUR
Avec ré... ré... réciprocité alors.

MICHÉ
Tant que tu voudras.

LE VIDANGEUR
Allons, viens ma vieille.

MICHÉ
(soutient le vidangeur qui chancelle en chantant) « Ah ! je suis dégoûté d'la merde, D'puis qu' j'ai trouvé d'ans un cheveu ! »

(Miché et le vidangeur sortent.)

Scène XXXI

LES FEMMES – CRÊTE DE COQ

CRÊTE DE COQ
(à Raphaële) Ah ! Raphaële, ça va être mon tour maintenant.

RAPHAËLE

Toi, allons donc ! Est-il emporté ce p'tit là. Il n'en a jamais assez. Tu peux te fouiller.

CRÊTE DE COQ

C'est ça, faudra que je me branle encore, comme au séminaire. Ah ! Raphaële !

(La toile tombe.)